Liederkunde zum Evangelischen Gesangbuch

Im Auftrag der Evangelischen Kirche in Deutschland

gemeinschaftlich mit
Ansgar Franz, Gerhard Hahn, Barbara Lange,
Helmut Lauterwasser, Bernhard Leube und Bernhard Schmidt

herausgegeben von

Martin Evang und Ilsabe Seibt

Ausgabe in Einzelheften

Heft 19

Vandenhoeck & Ruprecht
in Göttingen

Verzeichnis der Mitarbeiterinnen und Mitarbeiter

Balders, Günter, Pastor, Professor em. am Theologischen Seminar (FH) des Bundes Evangelisch-Freikirchlicher Gemeinden Elstal: EG 407 T * *Braun, Hans-Peter*, Kirchenmusiker, Musikdirektor am Evangelischen Stift in Tübingen, Professor für Musiktheorie an der Staatlichen Musikhochschule Trossingen: EG 467 * *Evang, Dr. Martin,* Theologischer Referent im Amt der UEK, Hannover: EG 393 * *Hahn, Dr. Gerhard* (s. Heft 1): EG 341 T, 344 T * *Herbst, Dr. Wolfgang* (s. Heft 15): EG 249 * *Lange, Barbara,* Kirchenmusikerin und Theologin, Mirow: EG 241 * *Lauterwasser, Dr. Helmut* (s. Heft 17): EG 341 M, 344 M, 407 M * *Leube, Bernhard* (s. Heft 17): EG 272, 408 * *Monninger, Dorothea* (s. Heft 2): Redaktion * *Reich, Dr. Christa* (s. Heft 1): EG 244 * *Schäfer, Dr. Christiane* (s. Heft 14): Hymnologische Nachweise * *Seibt, Dr. Ilsabe* (s. Heft 8): EG 160 * *Stalmann, Dr. Joachim* (s. Heft 1): EG 519 * *Wissemann-Garbe, Dr. Daniela* (s. Heft 15): Hymnologische Nachweise

Bibliografische Information der Deutschen Nationalbibliothek
Die Deutsche Nationalbibliothek verzeichnet diese Publikation in der Deutschen Nationalbibliografie; detaillierte bibliografische Daten sind im Internet über http://dnb.d-nb.de abrufbar.

ISBN 978-3-525-50342-3

Satz: Satzspiegel, Nörten-Hardenberg
Druck und Bindung: Hubert & Co, Göttingen

Gedruckt auf alterungsbeständigem Papier.

Vorbemerkungen

Dem vorliegenden 19. Heft der Liederkunde schicken wir einige Informationen voraus. Erneut hat es Veränderungen im Herausgeberkreis gegeben. Wolfgang Herbst, der im Jahr 2008 mit Heft 14 zum Hauptherausgeber berufen wurde, hat mit dem Erscheinen von Heft 18 seine Mitwirkung im Herausgeberkreis beendet. Wir danken ihm für seine umsichtige und verlässliche editorische Arbeit. Wolfgang Herbst bleibt dem Handbuch zum Evangelischen Gesangbuch verbunden. Im Jahrbuch für Liturgik und Hymnologie veröffentlicht er regelmäßig Aktualisierungen der Biogramme zum Evangelischen Gesangbuch und schreibt so den von ihm herausgegebenen Band 2 dieses Handbuchs „Komponisten und Liederdichter des Evangelischen Gesangbuchs“ fort.

Auch Britta Martini hat ihre Mitarbeit im Herausgeberkreis, in den sie mit Heft 14 eingetreten ist, mit Heft 17 beendet. Sie hat die Arbeit mit ihrer musikalischen, literatur- und sprachwissenschaftlichen Kompetenz bereichert. Dafür danken wir ihr.

Mit diesem Heft übernimmt Martin Evang die Aufgabe als Mitglied des Herausgeberkreises und Hauptherausgeber.

Wir danken Dorothea Monninger, die die Geschäfte der Liederkunde in bewährter Weise weiterführt, sowie Christiane Schäfer und Daniela Wissemann-Garbe, die weiterhin die hymnologischen Nachweise betreuen.

Das Literaturverzeichnis in Heft 1 und seine Nachträge in den Heften 8 und 14 werden in diesem Heft ein weiteres Mal ergänzt. Die Angaben zum katholischen Gotteslob in der Gesangbuchleiste am Kopf der Kommentare beziehen sich von diesem Heft an auf das neue Gotteslob 2013 (GL2).

Gelegentlich tauchen in den Anmerkungen zu Liedkommentaren Hinweise auf Recherchen im Internet auf. Zunehmend können Quellen zu Liedern im Netz eingesehen werden. Da die entsprechenden Portale sich noch im Aufbau befinden, erscheint uns ein systematischer Nachweis in den Kommentaren noch verfrüht. Die von Autorinnen und Autoren genutzten Internetquellen sollen unseren Leserinnen und Lesern jedoch zugänglich gemacht werden.

Sommer 2014 | Martin Evang | Ilsabe Seibt

Nachträge zum Literaturverzeichnis

im Anschluss an Heft 1, 39–46; Heft 8, 5–8 und Heft 14, 5–9

I. Quellenwerke

- Das deutsche Kirchenlied. Kritische Gesamtausgabe der Melodien, Kassel u. a. *In dieser Edition sind neue Bände erschienen. Die bereits in den Heften 1, 8 und 14 ausführlich aufgeführten Bände werden in der folgenden Auflistung bibliographisch gekürzt:*
  Abt. I: Bd. 1/1 Verzeichnis der Drucke von den Anfängen bis 1800, **1975**; Bd. 1/2 Register, Nachträge und Korrekturen, **1980** [DKL/ RISM B/VIII]
  Abt. II: Geistliche Gesänge des deutschen Mittelalters. Melodien handschriftlicher Überlieferung bis um 1530, hg. v. Max Lütolf: Bd. 1: Gesänge A–D (Nr. 1–172), **2003**; Bd. 2: Gesänge E–H (Nr. 173–330), **2004**; Bd. 3: Gesänge I–M (Nr. 331–536), in Verbindung mit Mechthild Sobiela-Caanitz, Cristina Hospenthal und Max Schiendorfer, **2009**; Bd. 5: Zyklische Sammlungen. Die Geißlerlieder von 1349 nach Hugo von Reutlingen. Deutsche Stundengebetbücher des 15. Jahrhunderts, in Verbindung mit Bernhard Hangartner und Max Schiendorfer, **2005**; Bd. 6: Kritischer Bericht zu Gesänge A–H (Nr. 1–330), **2004** [DKL II]
  Abt. III, Die Melodien aus gedruckten Quellen bis 1680, hg. von der Gesellschaft zur wissenschaftlichen Edition des deutschen Kirchenlieds, vorgelegt von Joachim Stalmann: Bd. 1: Die Melodien bis 1570, Teil 1 Melodien aus Autorendrucken und Liedblättern, **1993** (Noten- und Textband); Teil 2 Melodien aus mehrstimmigen Sammelwerken, Agenden und Gesangbüchern I, **1996/1997** (Noten- und Textband); Teil 3 Melodien aus Gesangbüchern II, **1998** (Noten- und Textband); Register, **1999**; Bd. 2: Die Melodien von 1571–1580, **2002** (Noten- und Textband); Bd. 3: Die Melodien 1581–1595, Kassel u. a. **2005** (Noten- und Textband); Bd. 4: Die Melodien von 1596 bis ca. 1610, bearb. von Hans-Otto Korth und Helmut Lauterwasser u.a, Kassel u. a. **2009** (Noten- und Textband); Abschließender Kommentarband zu Bd. 3–4, bearb. von Hans-Otto Korth u. a., Kassel u. a. **2009**; AR: Abschließender Registerband zu EdK 2–4, bearb. von Hans-Otto Korth u. a., Kassel u. a. **2010** [DKL III, auch: EdK]
- Dorothea Wendebourg (Hg.) in Zusammenarbeit mit Andreas Stegmann, Paul Gerhardt. Geistliche Lieder, Stuttgart **2012**
- Gustav Adolf Krieg (Hg.), Deutscher Kirchengesang in der Neuzeit. Eine Gesangsbuchanthologie, Berlin **2013**

II. Gesamtdarstellungen (auch epochenübergreifende thematische Beiträge)

- Ralph Kunz/ Ute Nürnberg, Sünde, Tod und Teufel – das Böse im Kirchenlied, in: Beatrice Acklin Zimmermann/ Barbara Schmitz (Hg.), An der Grenze. Theologische Erkundungen zum Bösen, Frankfurt a. M. **2007**, 113–144
- Bernhard Leube, Kirchenliedkunde, in: Irmgard Eismann/ Hans-Ulrich Nonnenmann (Hg.), Praxis Posaunenchor, Handbuch Bläserchorleitung, Stuttgart **2007**, 398–418
- Anne-Madeleine Plum, Adoratio Crucis in Ritus und Gesang. Die Verehrung des Kreuzes in liturgischer Feier und in zehn exemplarischen Passionsliedern, Tübingen/Basel **2007**
- Matthias Reif, Der Opfergedanke im Kirchenlied, Musik und Liturgie 132 (**2007**) H. 5, 34–35
- Ulla Fix (Hg.), „In Traurigkeit mein Lachen ... in Einsamkeit mein Sprachgesell". Das evangelische Kirchenlied am Beispiel Paul Gerhardts aus interdisziplinärer Perspektive betrachtet, Berlin **2008**
- Arbeitsstelle Gottesdienst. Informations- und Korrespondenzblatt der Gemeinsamen Arbeitsstelle für gottesdienstliche Fragen der Evangelischen Kirche in Deutschland, Jg. 22, H. 2 (**2008**): Dem NAMEN singen. Erträge aus dem 14. Interdisziplinären ökumenischen Seminar zum Kirchenlied; Jg. 23, H. 3 (**2009**): Von Auferstehung singen. Erträge aus dem 15. Interdisziplinären ökumenischen Seminar zum Kirchenlied [GAGF]
- Hans-Jürgen Kaiser/ Barbara Lange (Hg.), Basiswissen Kirchenmusik. Ein ökumenisches Lehr- und Lernbuch in vier Bänden; Bd. I Richard Mailänder/ Britta Martini (Hg.), Theologie – Liturgiegesang, Stuttgart **2009**
- Britta Martini, Historische Distanz und emotionale Nähe zu Kirchenliedern, JLH 48 (**2009**) 199–208
- Liturgie und Kultur. Zeitschrift der Liturgischen Konferenz für Gottesdienst, Musik und Kunst [darin Themenhefte mit Dokumentationen des Interdisziplinären ökumenischen Seminars zum Kirchenlied], Jg. 1, H. 3 (**2010**): Trost? Begegnungen mit Psalmen und Liedern; Jg. 2, H. 2 (**2011**): Umkehr. Gesänge und Texte vom Neubeginn; Jg. 3, H. 3 (**2012**): „Wir müssen alle offenbar werden". Heute vom Gericht singen?; Jg. 4, H. 3 (**2013**): „ut omnes unum sint". Singend die Einheit der Kirche feiern [LuK]
- Matthias Schneider/ Günther Massenkeil/ Wolfgang Bretschneider (Hg.), Enzyklopädie der Kirchenmusik, Laaber **2011ff** [EdKM]:
  Bd. I Wolfgang Hochstein/ Christoph Krummacher (Hg.), Geschichte der Kirchenmusik, Teilbd. 1 Von den Anfängen bis zum Reformationsjahrhundert, Laaber **2011**; Teilbd. 2 Das 17. und 18. Jahrhundert. Kirchenmusik im Spannungsfeld der Konfessionen, Laaber **2012**; Teilbd. 3 Das 19. und frühe 20. Jahrhundert. Historisches Bewusstsein und neue Aufbrüche, Laaber **2013**;
  Bd. IV Albert Gerhards/ Matthias Schneider (Hg.), Der Gottesdienst und seine Musik, Teilbd. 1: Grundlegung und Hymnologie, Laaber **2013**;
  Bd. VI Günther Massenkeil/ Michael Zywietz, unter Mitarbeit von Nils Gie-

belhausen, Daniel Glowotz und Boris Schmittmann, Lexikon der Kirchenmusik Teilbd. 1 A–L, Teilbd. 2 M–Z, Laaber **2013**
- Wilhelm Gräb (Hg.), Das Kirchenlied zwischen Sprache, Musik und Religion. Festschrift für Prof. Dr. Jürgen Henkys, Berliner Theologische Zeitschrift 28, H. 2 (**2011**)
- Peter Bubmann/ Konrad Klek (Hg.), Davon ich singen und sagen will. Die Evangelischen und ihre Lieder, Leipzig **2012**
- Michael Heymel, Das Gesangbuch als Lebensbegleiter. Studien zur Bedeutung der Gesangbuchgeschichte für Frömmigkeit und Seelsorge, Gütersloh **2012**
- Jürgen Henkys, Dichtung, Bibel und Gesangbuch. Hymnologische Beiträge in dritter Folge, Göttingen 2014

16. Jahrhundert

- Hartmut Lehmann, „Not, Angst und Pein“: Zum Begriff der Angst in protestantischen Kirchenliedern des späten 16. und frühen 17. Jahrhunderts, Zeitschrift für Kirchengeschichte 117 (**2006**) H. 2–3, 296–310
- Michael Wersin, Von Luthers Psalmliedern zum Genfer Psalter, Musik und Liturgie 134 (**2009**) H. 4, 16–20

17. Jahrhundert

- Dorothea Wendebourg (Hg.), Paul Gerhardt – Dichtung, Theologie, Musik. Wissenschaftliche Beiträge zum 400. Geburtstag, Übringen **2008**
- Winfried Böttler (Hg.), „Mach in mir deinem Geiste Raum“. Poesie und Spiritualität bei Paul Gerhardt, Berlin **2009**
- Jürgen Henkys, Zum Königsberger Kirchenliedschaffen in der ersten Hälfte des 17. Jahrhunderts, in: Bernhart Jähnig (Hg.), Musik und Literatur im frühneuzeitlichen Preußenland, Marburg **2009**, 25–37
- Christian Bunners, Johann Crüger (1598–1662) – Berliner Musiker und Kantor, lutherischer Lied- und Gesangbuchschöpfer. Aufsätze, Bildnisse, Textdokumente (Kunst-, Musik- und Theaterwissenschaft 11), Berlin **2012**
- Lukas Lorbeer, Die Sterbe- und Ewigkeitslieder in deutschen lutherischen Gesangbüchern des 17. Jahrhunderts, Göttingen **2012**

20. Jahrhundert / 21. Jahrhundert

- Jürgen Henkys, Geheimnis der Freiheit. Die Gedichte Dietrich Bonhoeffers aus der Haft. Biographie – Poesie – Theologie, Gütersloh **2005**
- Bernhard Leube, Die neuen „Kernlieder“, JLH 47 (**2008**) 140–150
- Nick Page/ Andreas Malessa, Lobpreis wie Popcorn? Warum so viele Anbetungslieder so wenig Sinn ergeben, Witten **2008**

- Peter Hahnen, Liederzünden! Theologie und Geschichte des Neuen Geistlichen Liedes, Kevelaer **2009**
- Arne Kopfermann, Das Geheimnis von Lobpreis und Anbetung, Glashütten **2009**
- Daniel Breuser, Das neue geistliche Lied. Entstehung - Erfahrungen - Perspektiven, Marburg **2009**
- Peter Hahnen, „Alles ist möglich". Zur Lage des Neuen Geistlichen Liedes und der christlichen Popularmusik, JLH 49 (**2010**) 196–212
- Matthias Biermann, „Das Wort sie sollen lassen stahn ..." Das Kirchenlied im „Kirchenkampf" der evangelischen Kirche 1933–1945, Göttingen **2011**
- Alex Stock, Andacht. Zur poetischen Theologie von Huub Oosterhuis, St. Ottilien **2011**
- Bastian Rütten, „Da wohnt ein Sehnen tief in uns ...". Das „Neue Geistliche Lied" als Medium der Katechese (Diss.), Marburg **2012**

IV. Liedauslegungen in Theorie und Praxis

- Uwe Swarat (Hg.), Das Lob Gottes bringt den Himmel zur Erde. FS für Günter Balders, Wuppertal **2007**
- Andreas Marti, Christliche Identität und religiöser Ausdruck im geistlichen Volkslied, JLH 47 (**2008**) 193–200
- Martin Rößler, Psalter und Harfe, wacht auf. Liedpredigten, Stuttgart **2009**
- Wolfgang Bretschneider, Die verblasste Gloria Dei. Die Gloria-Gesänge im „Evangelischen Gesangbuch" und im „Gotteslob", MuK 80 (**2010**) 420–427
- Friedhelm Brusniak, Lieder als „persönlicher Erinnerungsschatz". Nachdenkliches über Singerfahrungen in Vergangenheit und Gegenwart, MuK 80 (**2010**) 178–185
- Hermann Kurzke, Kirchenlied und Kultur, Tübingen **2010**
- Jochen Arnold/ Klaus-Martin Bresgott (Hg.), Kirche klingt - 77 Lieder für das Kirchenjahr, Hannover **2011** [Arnold/Bresgott]
- Susanne Betz/ Hans Hilt/ Bernhard Leube (Hg.), Unsere Kernlieder. Werkbuch zur Arbeit mit Kindern, Jugendlichen und Erwachsenen, München **2011** [WKernlieder]
- Albrecht Greule, Sakralität, Studien zu Sprachkultur und religiöser Sprache, Tübingen **2012**
- Karl Christian Thust, Die Lieder des Evangelischen Gesangbuchs. Band I Kirchenjahr und Gottesdienst (EG 1–269), Kassel **2012** [ThustL I]
- Reinhard Ellsel, Lieder der Reformation, aktuell ausgelegt, Bielefeld **2013**
- Michael Heymel/ Felizitas Muntanjohl, Lobe den Herren. Liedpredigten durch das Kirchenjahr, Gütersloh **2013**
- Klaus von Mering, „Vom Aufgang der Sonne" - Andachten zu den Kernliedern des Evangelischen Gesangbuchs, Göttingen **2013**
- Meinrad Walter, Sing, bet und geh auf Gottes Wegen. 40 neue und bekannte geistliche Lieder erschlossen, Freiburg **2013**

Abkürzungen

AfMf	Archiv für Musikforschung, Leipzig 1936–1943
AfMw	Archiv für Musikwissenschaft, 1–8 Leipzig 1918–1926; 9ff Trossingen 1952ff
AHMA	Analecta hymnica medii aevi, hg. v. Guido Maria Dreves/ Clemens Blume, Leipzig 1886–1922, Nachdruck Frankfurt/M 1961
Aml	Acta Musicologica, Basel 1931ff
AÖL	Arbeitsgemeinschaft für ökumenisches Liedgut
AR	Antiphonale Romanum
Arnold/ Bresgott	Jochen Arnold/ Klaus-Martin Bresgott (Hg.), Kirche klingt – 77 Lieder für das Kirchenjahr, Hannover 2011
B	Wilhelm Bäumker, Das katholische deutsche Kirchenlied in seinen Singweisen, Freiburg 1886–1911, Nachdruck Hildesheim 1962
BBKL	Biographisch-bibliographisches Kirchenlexikon, begründet v. Friedrich Wilhelm Bautz (Hg.), fortgeführt von Traugott Bautz, Hamm 1975–1990, Herzberg 1992–1999
BHy	Blätter für Hymnologie, Gotha 1883, Altenburg 1884–1887, Kahla 1888f, 1894, Nachdruck Hildesheim 1971
Böhme	Franz Magnus Böhme, Altdeutsches Liederbuch, Leipzig 1877, Nachdruck Hildesheim 1966
Bruppacher	Theophil Bruppacher, Gelobet sei der Herr. Erläuterungen zum Gesangbuch der ev.-ref. Kirchen der deutschsprachigen Schweiz, Basel 1953
BSLK	Die Bekenntnisschriften der ev.-luth. Kirche, Göttingen 1930, ^{12}1998
BSRK	Die Bekenntnisschriften der reformierten Kirche, hg. v. Ernst Friedrich Karl Müller, Leipzig 1903
BWV	Wolfgang Schmieder, Thematisch-systematisches Verzeichnis der musikalischen Werke von J.S. Bach, 2. überarbeitete und erweiterte Ausgabe, Wiesbaden 1990
Bunners	Christian Bunners, Paul Gerhardt, Berlin 1993, ^{2}1994, ^{4}2007
CA	Confessio Augustana 1530
CG	Gebet- und Gesangbuch der Christkatholischen Kirche der Schweiz, Basel [2004/2005]
Chl	Die Christenlehre, Berlin 1947–1990, Leipzig seit 1991; ab 1996 Christenlehre/ Religionsunterricht-Praxis
DBW	Dietrich Bonhoeffer Werke, hg. v. Eberhard Bethge/ Ernst Feil/ Christian Gremmels/ Wolfgang Huber/ Hans Pfeifer/ Albrecht Schönherr/ Heinz Eduard Tödt/ Ilse Tödt, Bd. 1–17, München [Gütersloh] 1986–1999
DDT	Denkmäler deutscher Tonkunst, Leipzig/Augsburg 1892–1931, Neue Ausgabe Wiesbaden/Graz 1957ff
DEG	Deutsches Evangelisches Gesangbuch, 1915ff, ab 1927 Stammteil der meisten regionalkirchlichen evangelischen Gesangbücher
DKL	Das Deutsche Kirchenlied. Kritische Gesamtausgabe der Melodien, Abt. I, Bd. I Verzeichnis der Drucke, Kassel 1975/1980 (= RISM B/VIII); Abt. II Geistliche Gesänge des deutschen Mittelalters. Melodien handschriftlicher Überlieferung bis um 1530, in Verbindung mit Mechthild

	Sobiela-Caanitz, Cristina Hospenthal und Max Schiendorfer hg. v. Max Lütolf; Abt. III Die Melodien aus gedruckten Quellen bis 1680, hg. v. Joachim Stalmann, Kassel u. a. 1993ff (auch: EdK)
DTB	Denkmäler der Tonkunst in Bayern, Leipzig/Augsburg 1900–1931; Neue Reihe Wiesbaden 1962ff
DTÖ	Denkmäler der Tonkunst in Österreich, Wien/Leipzig/Graz 1894–1951
DtPfrBl	Deutsches Pfarrerblatt, Stuttgart 1897ff
DtVL	Deutsches Volksliedarchiv
DWb	Deutsches Wörterbuch von Jacob und Wilhelm Grimm, Leipzig 1854–1971; Neubearbeitung Leipzig 1983ff
EdK	Edition des deutschen Kirchenlieds, vgl. DKL
EdKM	Matthias Schneider/ Günther Massenkeil/ Wolfgang Bretschneider (Hg.): Enzyklopädie der Kirchenmusik, Laaber 2011ff: Bd. I Wolfgang Hochstein/ Christoph Krummacher (Hg.), Geschichte der Kirchenmusik, Teilbd. 1 Von den Anfängen bis zum Reformationsjahrhundert, Laaber 2011; Teilbd. 2 Das 17. und 18. Jahrhundert. Kirchenmusik im Spannungsfeld der Konfessionen, Laaber 2012; Teilbd. 3 Das 19. und frühe 20. Jahrhundert. Historisches Bewusstsein und neue Aufbrüche, Laaber 2013; Bd. IV Albert Gerhards/ Matthias Schneider (Hg.), Der Gottesdienst und seine Musik, Teilbd. 1 Grundlegung und Hymnologie, Laaber 2013; Bd. VI Günther Massenkeil/ Michael Zywietz, unter Mitarbeit von Nils Giebelhausen, Daniel Glowotz und Boris Schmittmann, Lexikon der Kirchenmusik Teilbd. 1 A–L, Teilbd. 2 M–Z, Laaber 2013
EDM	Das Erbe deutscher Musik, 1. Serie Reichsdenkmale, 1935ff, 2. Serie Landschaftsdenkmale, 1936ff
EDM.S	Das Erbe deutscher Musik, Sonderreihe
EEKM	Salomon Kümmerle, Encyklopädie der evangelischen Kirchenmusik, Gütersloh 1888–1895, Nachdruck Hildesheim 1974
Een Comp	Een Compendium van achtergrondinformatie bij de 491 gezangen uit het Liedboek voor de kerken, Amsterdam 1977, ^{2}1978
EG	Evangelisches Gesangbuch, Stammausgabe 1993; Regionalausgaben: EG BEP: Baden, Elsass-Lothringen, Pfalz 1995 EG BT: Bayern und Thüringen 1994 EG HE: Hessen und Nassau/Kurhessen-Waldeck 1994 EG Me: Mecklenburg 1994 EG NB: Niedersachsen und Bremen 1994 EG NEK: Nordelbische Kirche 1994 EG Öst: Österreich 1994 EG Ref: Ev.-ref. Kirche, Rheinland, Westfalen, Lippe 1996 (mit Reimpsalter) EG RWLR: Rheinland, Westfalen, Lippe, Ev.-ref. Kirche 1996 EG Sa: Lutherisch Sachsen 1994 EG Wü: Württemberg 1996
EGb	Evangelisches Gottesdienstbuch. Agende für die Evangelische Kirche der Union und für die Vereinigte Evangelisch-Lutherische Kirche Deutschlands, Berlin/Bielefeld/Hannover 1999; Taschenausgabe, Berlin/Bielefeld/Hannover 2000; Ergänzungsband, Berlin/Bielefeld/Hannover 2002;

	Gesänge zum Gottesdienst für Chor und Gemeinde Berlin/Bielefeld/Hannover, 2002
Egerer	Ernst-Dietrich Egerer, „... dass meine Seele singe“, Neukirchen-Vluyn 1999–2002
EKD	Evangelische Kirche in Deutschland
EKG	Evangelisches Kirchengesangbuch, Stammausgabe Kassel 1950, Regionalausgaben 1950ff
EKL	Evangelisches Kirchenlexikon, Göttingen 1956ff, ^{2}1961–62, ^{3}1986–1997
EKU	Evangelische Kirche der Union
EM	Gesangbuch der Evangelisch-methodistischen Kirche, Stuttgart/Zürich/Wien 2002
Erk-Böhme	Ludwig Erk/ Franz Magnus Böhme, Deutscher Liederhort, Leipzig 1893/1894, Nachdruck Hildesheim 1963, 1988
Frank	Horst J. Frank, Handbuch der deutschen Strophenformen, Tübingen/Basel ^{2}1993
Franz	Ansgar Franz (Hg.), Das Kirchenlied im Kirchenjahr. Fünfzig neue und alte Lieder zu den christlichen Festen, Tübingen 2002
FT	Albert Fischer/ Wilhelm Tümpel, Das deutsche evangelische Kirchenlied des 17. Jahrhunderts, Gütersloh 1904–1916, Nachdruck Hildesheim 1964
GAGF	Arbeitsstelle Gottesdienst. Informations- und Korrespondenzblatt der Gemeinsamen Arbeitsstelle für gottesdienstliche Fragen der Evangelischen Kirche in Deutschland, Hannover 1987ff
GB	Gesangbuch
GL/GL1	Gotteslob. Katholisches Gebet- und Gesangbuch, 1975ff
GL2	Gotteslob. Katholisches Gebet- und Gesangbuch, 2013ff
Glover	Raymond F. Glover (Hg.), The Hymnal 1982 Companion, Bd. 1–3B, New York 1991–1994
GR	Graduale Romanum
GrTr	Graduale triplex, Solesmes 1979
Grunewald/ Gussone	Eckhard Grunewald/ Nikolaus Gussone (Hg.), Von Spee zu Eichendorff, Berlin 1991
GuK	Gottesdienst und Kirchenmusik, München 1950ff
HahnEv	Gerhard Hahn, Evangelium als literarische Anweisung, München/Zürich 1981
HahnL	Gerhard Hahn, Martin Luther, Die deutschen geistlichen Lieder, Tübingen 1967
Hahnen	Peter Hahnen, Das ‚Neue geistliche Lied‘ als zeitgenössische Komponente christlicher Spiritualität, Münster 1998
HDEKM	Handbuch der deutschen evangelischen Kirchenmusik, hg. v. Konrad Ameln/ Christhard Mahrenholz/ Wilhelm Thomas, Göttingen 1935–1956
HEG	Handbuch zum Evangelischen Gesangbuch, Göttingen 1995ff
HEKG	Handbuch zum Evangelischen Kirchengesangbuch, Göttingen 1953–1990
Henkys	Jürgen Henkys, Singender und gesungener Glaube. Hymnologische Beiträge in neuer Folge, Göttingen 1999
Hillenbrand	Rainer Hillenbrand, Paul Gerhardts deutsche Gedichte. Rhetorische und poetische Gestaltungsmittel zwischen Gattungsbindung und barocker Modernität, Frankfurt/M. 1992
H.	Heft
HN	Hymnologische Nachweise

Hymn	The Hymn, Fort Worth/Texas 1949ff
IAHB	IAH Bulletin. Publikation der Internationalen Arbeitsgemeinschaft für Hymnologie (IAH), Groningen 1974–2002, Graz 2003–2009, Graz/Opele 2010ff
Janota	Johannes Janota, Studien zu Funktion und Typus des deutschen geistlichen Liedes im Mittelalter, München 1968
JennyG	Markus Jenny, Geschichte des deutsch-schweizerischen evangelischen Gesangbuches im 16. Jahrhundert, Basel 1962
JLH	Jahrbuch für Liturgik und Hymnologie, Kassel 1955–1985, Hannover 1986–1995, Göttingen 1996ff
Julian	John Julian (Hg.), A Dictionary of Hymnology, London 1892/1897, ²1907, weitere Nachdrucke, zuletzt Michigan 1985
KG	Katholisches Gesang- und Gebetbuch der deutschsprachigen Schweiz, Zug 1998
KlepperK	Jochen Klepper, Kyrie, Berlin 1938, ³1941 (3., erweiterte Auflage)
KlepperSch	Jochen Klepper, Unter dem Schatten deiner Flügel. Aus den Tagebüchern 1932–1942, Stuttgart 1956
KlepperZ	Jochen Klepper, „Ziel der Zeit". Die gesammelten Gedichte, Witten/Berlin 1962
KLL	Albert Friedrich Wilhelm Fischer, Kirchenlieder-Lexicon, Gotha 1878–1886, Nachdruck Hildesheim 1967
Km	Der Kirchenmusiker, Kassel/München 1950ff, ab 1997: Forum Kirchenmusik, München
KMJ	Kirchenmusikalisches Jahrbuch, Köln 1886ff
Koch	Eduard Emil Koch, Geschichte des Kirchenlieds und Kirchengesangs, Stuttgart ³1866–1877, Nachdruck Hildesheim 1973
KulpO	Johannes Kulp, Handbuch zum Ostgesangbuch, Dortmund [1931]
KulpW	Johannes Plath/ Johannes Kulp, Liederkunde. Handbuch zum Evangelischen Gesangbuch nebst dem rhein.-westf. Sondergut (Handbuch zum Westgesangbuch), Bd. 1 Die Texte, Dortmund [1931]
LbR	Leuchte, bunter Regenbogen. Gemeinsame geistliche Kinderlieder der deutschsprachigen Christenheit, hg. i. Auftr. der christlichen Kirchen des deutschen Sprachbereichs v. der Arbeitsgemeinschaft für ökumenisches Liedgut. Kassel u. a. 1983
Leit	Leiturgia. Handbuch des evangelischen Gottesdienstes, Kassel 1954–1970
Lexer	Matthias v. Lexer, Mittelhochdeutsches Handwörterbuch, Leipzig 1872–1878, Nachdruck Stuttgart 1992
LL	Literatur Lexikon, hg. v. Walter Killy, Gütersloh/München 1988–1993
Loerbroks	Matthias Loerbroks (Hg.), Ein Jahr mit Paul Gerhardt. 30 Liedpredigten, Stuttgart 2007
LThK	Lexikon für Theologie und Kirche, hg. v. Michael Buchberger, Freiburg 1930–1938; hg. v. Josef Höfer und Karl Rahner, Freiburg ²1957–1967; hg. v. Walter Kasper, Freiburg ³1993ff
LuK	Liturgie und Kultur. Zeitschrift der Liturgischen Konferenz für Gottesdienst, Musik und Kunst, Hannover 2010ff
M	Melodie
Meding	Wichmann von Meding, Luthers Gesangbuch. Die gesungene Theologie eines christlichen Psalters, Hamburg 1998
Mering	Klaus von Mering, „Vom Aufgang der Sonne". Andachten zu den Kernliedern des Evangelischen Gesangbuchs, Göttingen 2013

Meyer	Dietrich Meyer (Hg.), Das neue Lied im Evangelischen Gesangbuch (Arbeitshilfen des Archivs der Evangelischen Kirche im Rheinland Nr. 3), Düsseldorf ^{2}1997
Mf	Die Musikforschung, Kassel 1948ff
MfM	Monatshefte für Musikgeschichte, Leipzig 1869–1905
MGD	Musik und Gottesdienst, Zürich 1947ff
MGG	Die Musik in Geschichte und Gegenwart, hg. v. Friedrich Blume, Kassel 1949–1986, hg. v. Ludwig Finscher, Kassel ^{2}1994ff
MGKK	Monatsschrift für Gottesdienst und kirchliche Kunst, Göttingen 1896–1941
Möller	Christian Möller u. a. (Hg.), Ich singe dir mit Herz und Mund, FS Heinrich Riehm, Stuttgart 1997
MöllerQ	Kirchenlied und Gesangbuch. Quellen zu ihrer Geschichte, hg. v. Christian Möller, Tübingen/Basel 2000
MMMA	Monumenta monodica medii aevi, Kassel 1956ff
MPTh	Monatsschrift für Pastoraltheologie, Göttingen 1904–1965
MS	Musica sacra. Zeitschrift für katholische Kirchenmusik, Kassel 1868ff (mit wechselnden Titeln), Regensburg 2000ff
MR	Missale Romanum
MuA	Musik und Altar, Freiburg 1948–1972
MuK	Musik und Kirche, Kassel 1928ff
N	Note(n)
NBA	Neue Bach-Ausgabe, Kassel und Leipzig 1955ff
Nelle	Wilhelm Nelle, Schlüssel zum Evangelischen Gesangbuch für Rheinland und Westfalen, Gütersloh 1918, ^{3}1924, Nachdruck Hildesheim 1962
NelleG	Wilhelm Nelle, Geschichte des deutschen evangelischen Kirchenliedes, Hamburg 1904/^{3}1924, Nachdruck Hildesheim 1962
NSK	Neues Singen in der Kirche, Zürich 1986–1998, incl. Liedblätter (Lb)
NSKA	Neues Singen in der Kirche, Arbeitsmappen, Zürich 1971–1979
ÖLK	Ökumenischer Liederkommentar zum Katholischen, Reformierten und Christkatholischen Gesangbuch der Schweiz, hg. v. Peter Ernst Bernoulli/ Christine Esser/ Andreas Marti/ Daniel Schmid/ Hans-Jürg Stefan/ Walter Wiesli, Freiburg/Basel/Zürich 2001ff
PalMus	Paléographie Musicale, Solesmes/Tournai 1889ff
Petrich	Hermann Petrich, Unser geistliches Volkslied, Gütersloh ^{2}1924
Pidoux	Pierre Pidoux, Le Psautier huguenot du XVIe siècle, Basel 1962
PL	Patrologiae cursus completus, series latina, hg. v. Jacques Paul Migne, 221 Bände, Paris 1844–1864, 5 Supplementbände 1958–1974
PTh	Pastoraltheologie – Wissenschaft und Praxis, Göttingen 1966ff
Q	Quelle
RE	Realencyklopädie für protestantische Theologie und Kirche, Leipzig ^{3}1896–1913
RG	Gesangbuch der Evangelisch-reformierten Kirchen der deutschsprachigen Schweiz, Zürich 1998
RGG	Die Religion in Geschichte und Gegenwart, Tübingen 1909–1913, ^{2}1927–1932, ^{3}1957–1965, ^{4}1998–2007
RGL/RGL1	Redaktionsbericht zum Einheitsgesangbuch „Gotteslob“, hg. v. Paul Nordhues und Alois Wagner, Paderborn/Stuttgart 1988

RISM	Répertoire International des Sources Musicales (Internationales Quellenlexikon der Musik), München/Duisburg/Kassel 1960ff
RKG	Gesangbuch der Evangelisch-reformierten Kirchen der deutschsprachigen Schweiz 1952
RL	Reallexikon der deutschen Literaturgeschichte, begr. v. Paul Merker und Wolfgang Stammler, hg. v. Werner Kohlschmidt und Wolfgang Mohr, Berlin ²1958–1988; Neuausgabe u. d. Titel Reallexikon der deutschen Literaturwissenschaft, hg. v. Klaus Weimar, Berlin/New York 1997ff
RößlerC	Martin Rößler, Da Christus geboren war ... Texte, Typen und Themen des deutschen Weihnachtsliedes, Stuttgart 1981
RößlerL	Martin Rößler, Liedermacher im Gesangbuch, Bd. 1–3, Stuttgart 1990ff, erw. Gesamtausgabe, Stuttgart 2001
Rost/ Machalke	Dietmar Rost/ Joseph Machalke (Hg.), Friedrich Spee. Mein Herz will ich dir schenken. Die schönsten Lieder, Paderborn 1985
S	Satz
Sauer-Geppert	Waldtraut Ingeborg Sauer-Geppert, Sprache und Frömmigkeit im deutschen Kirchenlied, Kassel 1984
Schlunk	Walter Schlunk, Wort und Lied. Biblische Texte zu den Gesangbuchliedern, Berlin 1951
Schneider/ Vicktor	Martin Schneider/ Gerhard Vicktor (Hg.), Alte Choräle neu erlebt, Lahr 1992
Schulze	Otto Schulze, Ausführlichere Erklärung der achtzig Kirchenlieder, Berlin ⁸1891
Siona	Siona. Monatsschrift für Liturgie und Kirchenmusik, Gütersloh 1876–1920
SpittaL	Friedrich Spitta, „Ein feste Burg ist unser Gott“. Die Lieder Luthers in ihrer Bedeutung für das evangelische Kirchenlied, Göttingen 1905
Storz	Harald Storz (Hg.), Liedpredigten zu den Gottesdiensten im Kirchenjahr (gemeinsam gottesdienst gestalten 9), Hannover 2007
Str.	Strophe
Stulken	Marilyn Kay Stulken (Hg.), Hymnal Companion to the Lutheran Book of Worship, Philadelphia 1981, ³1987
T	Text
T.	Takt
Tenorlied	Das Tenorlied, hg. v. Norbert Böker-Heil, Band 1–3, Kassel 1979–1986
ThLZ	Theologische Literaturzeitung, Berlin 1875ff
Thust	Karl Christian Thust, Das Kirchen-Lied der Gegenwart, Göttingen 1976
ThustB	Karl Christian Thust, Bibliografie über die Lieder des Evangelischen Gesangbuchs, Göttingen 2006
ThustL	Karl Christian Thust, Die Lieder des Evangelischen Gesangbuchs. Bd. I Kirchenjahr und Gottesdienst (EG 1–269), Kassel 2012
ThWAT	Theologisches Wörterbuch zum Alten Testament, Stuttgart 1973ff
ThWNT	Theologisches Wörterbuch zum Neuen Testament, Stuttgart 1933ff
TRE	Theologische Realenzyklopädie, hg. v. Gerhard Krause und Gerhard Müller, Berlin 1976–2010
V.	Vers
VELKD	Vereinigte Evangelisch-Lutherische Kirche Deutschlands
VerLex	Die deutsche Literatur des Mittelalters. Verfasserlexikon, hg. v. Burghart Wachinger u. a., Berlin/New York ²1978ff
W	Philipp Wackernagel, Das deutsche Kirchenlied von der ältesten Zeit bis

	zu Anfang des 17. Jahrhunderts, Leipzig 1864–1877, Nachdruck Hildesheim 1964
WA	Martin Luther, Werke. Kritische Gesamtausgabe, Weimar 1883ff
WA.A	Archiv zur Weimarer Ausgabe der Werke Martin Luthers, Köln-Wien 1984ff
WA.B	Martin Luther, Kritische Gesamtausgabe - Briefwechsel, Weimar 1930ff
WA.DB	Martin Luther, Kritische Gesamtausgabe - Die Deutsche Bibel, Weimar 1906ff
WA.TR	Martin Luther, Kritische Gesamtausgabe -Tischreden, Weimar 1912ff
WB	Philipp Wackernagel, Bibliographie zur Geschichte des deutschen Kirchenliedes im 16. Jahrhundert, Frankfurt/M. 1855, Nachdruck Hildesheim 1961
Wecht	Martin Johannes Wecht, Jochen Klepper. Ein christlicher Schriftsteller im jüdischen Schicksal, Düsseldorf/Görlitz 1998
WEG	Werkbuch zum Evangelischen Gesangbuch, hg. v. Wolfgang Fischer/ Dorothea Monninger/ Reinhold Morath/ Rolf Schweizer, Göttingen 1993–2000
Werthemann	Helene Werthemann, Studien zu den Adventsliedern des 16. und 17. Jahrhunderts, Zürich 1963
Wetzel	Johann Kaspar Wetzel, Hymnopoeographia oder Historische Lebensbeschreibung der berühmtesten Lieder-Dichter, Herrnstadt 1719–1753
WGB	Werkhefte zum Gesangbuch, hg. v. Hans-Jürg Stefan und Walter Wiesli, Gossau/Basel/Zürich 1998ff
WGD	Werkhefte zum Gottesdienst, Zürich 1998ff
WGL/ WGL1	Werkbuch zum Gotteslob, hg. v. Josef Seuffert, Freiburg/Basel/Wien 1975–1979
WitteG	Christian Fürchtegott Gellert, Gesammelte Schriften, hg. v. Bernd Witte; Bd. 2, Gedichte, Geistliche Oden und Lieder, hg. v. Heidi John/ Carina Lehnen/ Bernd Witte, Berlin 1997
WKernlieder	Susanne Betz/ Hans Hilt/ Bernhard Leube (Hg.), Unsere Kernlieder. Werkbuch zur Arbeit mit Kindern, Jugendlichen und Erwachsenen, München 2011
Wolkan	Die Sonntags-Evangelia von Nicolaus Herman (1561), hg. v. Rudolf Wolkan, Prag/Wien/Leipzig 1895
WüBll	Württembergische Blätter für Kirchenmusik, Stuttgart; Waiblingen [Stuttgart] 1927ff
Wunderhorn	Geistliches Wunderhorn. Große deutsche Kirchenlieder, hg. v. Hansjakob Becker u. a., München 2001, ^{2}2003
Z	Johannes Zahn, Die Melodien der deutschen evangelischen Kirchenlieder, Gütersloh 1889–1893, Nachdruck Hildesheim 1963 u. 1997
Z.	Zeile
ZGP	Zeitschrift für Gottesdienst und Predigt, Gütersloh 1983ff
ZThK	Zeitschrift für Theologie und Kirche, Tübingen 1891ff

Im Übrigen gelten die allgemeinen Abkürzungen.

160 Gott Vater, dir sei Dank gesagt und Ehre

EG 160 RG 354

Text

Verfasser David Denicke **Entstehung** 1652 **Quelle** *Das Hannoverische newe ordentliche Gesangbuch/ zu beförderung der privatandacht*, Lüneburg 1652 **Ausgabe** FT II,411 **Besonderes** Doxologiestrophe des 10strophigen Magnificat-Liedes *Mein Herz und Seel den Herren hoch erhebet* **Strophenbau** A11/5a- A11/5a- A10/5b A10/5b vgl. Frank 4.107 **Abweichungen** nur Strophe 10; 1,2 *uns vermehre*; 1,4 *jede* Stund **Verbindung TM** in der Q ohne N, aber mit Verweis auf die in der Q abgedruckte M: wie EG (zum Text *Herr, unser Gott*) * eigene Melodien: Z I,931–936 (1668–1838), Z V,8675 (1869)

Melodie

s. *Wie herrlich gibst du, Herr, dich zu erkennen* (EG 271)

Literatur

HEG II, 75f ** ThustB, 160; ThustL I, 285 ** Bruppacher (1953) 229 ** RÖSSLER, Martin: Konfessionalismus und Barock-Kultur, in: MöllerQ **2000**, 128–169 (bes. 154)

Die einzelne Strophe im EG ist die letzte (10.) Strophe eines Magnificat-Liedes. Im liturgischen Gebrauch der lutherischen Tradition werden die neutestamentlichen Cantica ebenso wie die Psalmen mit dem „Ehr sei dem Vater“ (Gloria Patri) abgeschlossen. So geschieht es auch in dem Magnificat-Lied *Mein Seel, o Herr, muss loben dich* (EG 308). Dessen elfte Strophe ist eine schlichte Gloria-Patri-Strophe.

Mit der Strophe *Gott Vater, dir sei Dank gesagt und Ehre* beschließt David Denicke sein Lied *Mein Herz und Seel den Herren hoch erhebet.* Aus dem von Denicke und Gesenius herausgegebenen Hannoverschen Gesangbuch ist das Lied später in andere Gesangbücher übernommen worden, so beispielsweise in das „Altmärkisch- und Priegnitzische Gesangbuch“, Salzwedel 1861. Hier zeigt sich auch, dass das Lied dabei geringfügige Veränderungen erfahren hat, die auch die zehnte Strophe betreffen.

Das Lied erscheint wie viele Magnificat-Lieder nicht als Lied der Maria, sondern als Lied eines Mannes[1] (Str. 2: *Denn er hat mich Elenden angesehen [...] Es hat der Herr mich Armen nicht veracht't*). Es wird in die Rubrik *Lob= Gesänge und zwar für die mannigfaltigen Wohlthaten Gottes* eingeordnet. Dort steht es nach einem elfstrophigen „Lob=Gesang der Maria“, der sich

[1] Vgl. *Mein Seel, o Herr, muß loben dich*, Str. 1 in EKG (Nr. 200) und in EG (Nr. 308).

als biblische Prosa-Fassung ohne Melodieangabe erweist. In der Pommerschen Überlieferung ist das Lied *Mein Herz und Seel den Herren hoch erhebet* jedoch in die Rubrik „XIX. Am Tage Mariä Heimsuchung" eingeordnet. Der Text der 2. Str. lautet entsprechend: *Denn er hat mich Elende angesehen [...] es hat der HErr mich Arme nicht veracht't.* Auch im weiteren Verlauf des Liedes gibt es geringfügige Abweichungen, die am stärksten die letzte Strophe betreffen. Die Textfassung im EG stellt sich als eine Mischform aus Hannover und Pommern dar. Die Änderungen sind lediglich im Hinblick auf die Rezeption des Liedes von Interesse, ein wesentlicher Bedeutungswandel geht damit nicht einher.

Der Strophenbau ist weiträumig genug, um in das trinitarische Gotteslob Bitten zu integrieren. Die erste richtet sich an den Sohn: *Herr Jesu Christ, den Glauben in uns mehre.* Was in einer isoliert stehenden Strophe wie ein zufälliger Allgemeinplatz wirkt, erklärt sich daraus, dass diese Strophe mehr ist als der liturgisch gebotene Abschluss des Magnificat. Sie ist mit ihren komprimierten Bitten zugleich das Gebet darum, dass alles zuvor Gesungene nun auch bei der singenden Gemeinde seine Wirkung tun möge. Die Bitte um Mehrung, also Bestärkung des Glaubens schließt inhaltlich gut an die bekenntnishaften Formulierungen der 9. Strophe an.

Die Treu, die er im neuen Bund und alten
geredet hat, wird er auch ewig halten.
Der Herr verlässt uns, seine Kinder, nicht,
denn zu ihm steht all unsre Zuversicht.

Die an den Heiligen Geist gerichtete Bitte *erneu uns Herz und Mund,/ dass wir dein Lob ausbreiten alle Stund* knüpft an den Beginn des Liedes an. Die singende Gemeinde bittet um Erneuerung von Herz und Mund, um in das Lob der Maria einzustimmen.

Mein Herz und Seel den Herren hoch erhebet,
den großen Gott, der ewig herrscht und lebet.
Mein Geist in mir sich meines Heilands freut;
und seinen Ruhm vermehrt er allezeit.

Marias Lob wird fortgeführt im Lob der Gemeinde, sie leitet es ein und an. Der Bitte um Erneuerung liegt eine Erfahrung zugrunde: Gott zu loben und zu danken, verändert die Sängerinnen und Sänger. Es weitet den Blick für das, was uns geschenkt ist, was unser Leben trägt und hält. Dazu gehört der Rückblick auf das Handeln Gottes an seinem Volk ebenso wie der Lebens- und Glaubensweg Einzelner. Beides stellt das Magnificat vor Augen. Die Gemeinde heute erlebt dies im Gottesdienst. Darum steht die einzelne Strophe in der Rubrik Gottesdienst. Sie eignet sich für den Eingangsteil des Gottesdienstes, etwa als Abschluss des Psalmgebets, ebenso wie als Antwort auf das Credo oder als Strophe zu Fürbitte und Segen. *Gott Vater, dir sei Dank gesagt und Ehre* kann auch an das zweite Magnificat-Lied im EG Nr. 309 angeschlossen werden. Für die einzelne Strophe wird dann wieder der Zusammenhang eines geschlossenen Liedes erlebbar. Beide Lieder werden nach der Melodie des Genfer Psalters zu Psalm 8 (EG 271) gesungen. EG 160 kann, regelmäßig gesungen, ein kostbares liturgisches Stück einer Gottesdienstgemeinde werden.

Ilsabe Seibt

241 Wach auf, du Geist der ersten Zeugen

EG 241 RG 797 CG 821 EM 546

Text

Verfasser Karl Heinrich Bogatzky **Entstehung** 1750 **Vorlagen** Mt 9,38; Lk 12,49; Str. 1: Jes 62,6.7; Str. 5: Ps 14,7; Str. 6: Röm 11,25-32 **Quellen** (a) Str. 1-7: *Die Uebung der Gottseligkeit in allerley Geistlichen Liedern* (K.H. Bogatzky), Halle 1750 (DKL 1750[11]) * (b) *Gesangbuch für die evangelische Kirche in Württemberg*, Stuttgart 1842 (Quelle für Str. 8) **Überschrift** (a) *Um treue Arbeiter in der Ernte des HErrn zur gesegneten Ausbreitung des Wortes in aller Welt. Mel. Dir, dir Jehova* * (b) *Mel Dir, dir, Jehova. (Math. 9,58. Luc. 12,49)* **Strophenbau** A9/4a- A10/5b, A9/4a- A10/5b, A10/5c A10/5c **Abweichungen** (a) 2,5 der *Ernt'! Ach,* siehe; 2,6 *da wenig Knechte seyn*; 3,5 dich *hierum herzinbrünstig*; nach 3: 4. *Wie kanst du uns denn dis versagen*; 5,4 vor *Abends*; 6,4 *in allen Thoren*; 6,5 *Ja, wecke doch auch Israel*; nach 6: 8. *O! beßre Zions wüsten Stege*; 7,5 daß *viele treue Lehr- und Beter seyn*; nach 7: 10. *Du hast uns Hirten ja versprochen*; 11. *Ach, wird dein Hertze nicht beweget*; 12. O *Herr, wo wilt du dich hinwenden;* 13. *Herr, zürne nicht, daß ich so bitte*; 14. *Du wilst wohl wissen recht zu richten* * (b) 9strophige, überarbeitete Fassung des Liedes mit zahlreichen Abweichungen zu EG und zur Quelle (a); Str. 9 entspricht wörtlich EG Str. 8 * RG: 1,2 *der Wächter, die auf Zions Mauer* stehn; 1,4 *die unverzagt*; 2,1 O *dass doch bald dein Feuer brennte*; 2,3 *auf dass bald alle Welt erkennte*; 2,4 *was zur Erlösung ihr von dir geschehn*; EG Str. 3 fehlt; anstelle von EG Str. 6 und 7: RG Str. 5 (*Die Lieb ist's, Herr, die zu dir flehet*) und 6 (*Herr, zürne nicht, dass ich so bitte*) * CG: 1,2 *der Wächter, die auf Zions Mauer* stehn; 2,1 dass *doch bald* dein Feuer *brennte*; 2,3 *Auf dass bald alle Welt erkennte*; 2,4 *was zur Erlösung ihr von dir geschehn*; nach 2: 4., 5. (5,2 dass *ein* Geist), 8 * EM: 1,2 *der Wächter, die auf Zions Mauer* stehn; 1,4 und *unverzagt* dem Feind; 3,2 diese *Bitte in den* Mund; 3,5 dich *voller Inbrunst*; nach anstelle von EG Strophe 6 und 7: RG Str. 6 (*Die Lieb ist's, Herr, die zu dir flehet*) und 7 (*Herr, zürne nicht, dass ich so bitte*) **Verbindung TM** in beiden Q ohne N, aber mit Tonangabe: *Dir, dir, Jehova, will ich singen* – Melodien zu diesem Text bis 1750: Z II,3066-3069 (1698-1747); aus Z II,3067 (Freylinghausen 1704) wurde dann die Melodie EG 328 * spätere Melodien zu *Dir, dir, Jehova*: Z II,3070-3075 * eigene Melodien: Z II,3088 (Aarau 1844) * Z II,3089 (Kocher 1855)

Melodie

s. *Dir, dir, o Höchster, will ich singen* (EG 328)

Literatur

HEKG (Nr. 216) I/2, 343f; III/2, 105-108; Sb, 331f; HEG II, 47f.181f ** ThustB, 235; ThustL I, 420-422 ** Koch ([3]1866-1877) IV, 468-478; KLL (1878-1886) II, 312; Nelle ([3]1924) Nr. 188; Schlunk (1951) 337f; Bruppacher (1953) 365f; RößlerL ([2]2001) 843 ** NELLEG, **1904/[3]1924**, 218 * KOBABE, Uta: „ … Nicht diese Lieder!“ Gedanken und Bemerkungen zu einem Aufsatz, Der Kirchenchor

34 (**1974**) H. 6, 82–87.84f * SCHÖNBORN, Hans-Bernhard: Der Einfluß Albert Knapps auf das Gesangbuch der evangelisch-reformierten Kirchen der deutschsprachigen Schweiz seit 1853, JLH 29 (**1985**) 179–190 (bes. 181) * LIPPOLD, Ernst: Juden und Christen im neuen Evangelischen Gesangbuch, in: EKD (Hg.), Auf dem Weg zu einem neuen Gesangbuch. Beiträge aus der Gesangbucharbeit (EKD-Texte 36), Hannover **1990**, 81–85, bes. 84 * BRECHT, Martin/ DEPPERMANN, Klaus u. a. (Hg.): Der Hallische Pietismus in der Mitte des 18. Jahrhunderts – seine Ausstrahlung und sein Niedergang, in: Martin Brecht/ Klaus Deppermann u. a., Geschichte des Pietismus, Bd. 2: Der Pietismus im achtzehnten Jahrhundert, Göttingen **1995**, 326f * WENNEMUTH, Udo: Luthertag und Maiumzug. Kirchliche Feiern im Nationalsozialismus am Beispiel Mannheims 1933/34, in: Cornelia Kück/ Hermann Kurzke, Kirchenlied und nationale Identität. Internationale und interkulturelle Beiträge, Tübingen/Basel **2003**, 49–75 (bes. 73) * BUNNERS, Christian (Hg.): Lieder des Pietismus aus dem 17. und 18. Jahrhundert, Berlin **2003**, 54–56.117–119 * SCHÖLLKOPF, Wolfgang: Hiller – Halle und Herrnhut – der Pietismus und das neue Lied, in: Brecht, Martin (Hg.), Gott ist mein Lobgesang. Philipp Friedrich Hiller (1699–1769), der Liederdichter des württembergischen Pietismus, Metzingen **2007**, 63–77 (bes. 68–70)

Karl Heinrich von Bogatzky (1690–1774) gilt als einer der erfolgreichsten Erbauungsschriftsteller des Halleschen Pietismus. Heute sind seine Schriften, die bis ins 19. Jh. gedruckt wurden, weitgehend vergessen. In Erinnerung geblieben ist er mit seinem Lied *Wach auf, du Geist der ersten Zeugen*. Es ist fast das einzige seiner insgesamt 411 Lieder, das noch in den Gesangbüchern steht.[1] Er habe es sich, nachdem „ein Füncklein der lebendigen Erkenntniß […] JEsu Christi in meinem Hertzen angezündet" worden war, über drei Jahrzehnte zur Gewohnheit gemacht, sich „bey kräftiger Erweckung oder besonderm Anliegen […] ein Lied aufzusetzen, und solches" zur „eigenen Erbauung zu gebrauchen". Darum habe er „bey diesen Liedern nicht so wol auf künstlich gesetzte Worte" gesehen. Vielmehr sei ihm daran gelegen, „nach dem Anliegen meines Hertzens" mit „deutlichen, auch wol biblischen Worten"[2] zu dichten, schreibt er 1749 im Vorwort seiner Sammlung „Die Uebung der Gottseligkeit in allerley Geistlichen Liedern", deren Titel an Johann Crügers Gesangbuch „Praxis pietatis melica, das ist Übung der Gottseligkeit in christlichen und trostreichen Gesängen" (1647ff) erinnert. In der Tat, nur selten wird „die Lebendigkeit des im 19. Jh. beliebten Missionsliedes ‚Wach auf, du Geist der ersten Zeugen'" erreicht (Brecht, 327).

Der Originaltext des Liedes mit seinen 14 Strophen ist selten gedruckt worden. Bereits im Berliner Gesangbuch (1829), das nach Nelle (Schlüssel, 1924, 117) als erstes Gemeindegesangbuch unser Lied aufnahm, waren lediglich fünf überarbeitete Strophen abgedruckt. Für die Fassungen in EG, RG, EM und CG wurden die Bearbeitungen Albert Knapps bzw. des Württembergischen Ge-

[1] Ein weiteres ist im EM abgedruckt: *O Vaterherz, o Licht, o Leben* von 1725; dieses Lied stand auch im DEG 1916. Koch (IV, 476–478) weist vornehmlich in Gesangbüchern des 18. Jh. 20 Lieder Bogatzkys nach.

[2] Dieses und die nachfolgenden Zitate sind der Ausgabe von 1750 (ohne Noten) in der Internetfassung entnommen: URL: http://reader.digitale-sammlungen.de/

sangbuchs von 1842[3], an dem Knapp mitwirkte, maßgeblich. Zwar folgt keines der Gesangbücher konsequent der Strophenauswahl, dafür lassen sich Knapps Textbearbeitungen nachweisen, wenngleich in unterschiedlich starkem Maß. Auch die geringfügigen Änderungen der achtstrophigen EG-Fassung, die von den genannten Gesangbüchern dem Originaltext am nächsten ist, gehen fast ausnahmslos auf Knapp zurück. Die letzte Strophe bringen EG, RG, EM, CG übereinstimmend in der Version von 1842.[4]

Wach auf, du Geist der ersten Zeugen steht bei Bogatzky in der Rubrik *Von dem Wort Gottes.* Sie ist in Untergruppen gegliedert, deren letzte den Titel[5] *Um treue Arbeiter in die Ernte des Herrn, zur gesegneten Ausbreitung des Wortes in aller Welt* trägt und nur unser Lied enthält.

Strophe 1 beginnt mit einem fulminanten Weckruf, „der [...] in geradezu paradoxer Kühnheit an Gott, den Heiligen Geist" gerichtet ist (HEKG III/2, 107). Fast wortgleich beginnt *Wach auf, du Geist der treuen Zeugen* (1702) von August Hermann Francke, dessen Erbauungsstunden Bogatzky einst besucht hatte.

Der Ruf nach Erneuerung, nach Erweckung, nach einem lebendigen Christentum ist bezeichnend für den Pietismus. Im Vorwort zu seiner Liedersammlung mahnt Bogatzky daher, „zu diesem wahren gottseligen Leben in Christo Jesu [...] mögen wir uns wol täglich erwecken". Gewöhnlich gilt diese Aufforderung dem Individuum. In unserm Lied betont der Autor eine universale Sicht, die sich bereits in der ersten Strophe abzeichnet. Sie setzt mit den Aposteln, den *ersten Zeugen* (Apg 1,8) ein, deren Schall *die ganze Welt durchdringt,* und endet in 1,6 mit den Worten *und aller Völker Scharen zu dir bringt,* die an Offenbarung 7,9 denken lassen. Die kleine sprachliche Änderung des Francke-Zitats bzw. die Ergänzung *erste* zu den in Apostelgeschichte 1,8 genannten *Zeugen* verweist auf die Anfangszeit der Kirche, die für einen ursprünglichen, lebendigen Glauben steht, von dem Bogatzky seine Kirche weit entfernt sah.

Auf dem Hintergrund der zitierten und konnotierten Bibelverse klingt bereits in der Eingangsstrophe ein auf die Endzeit ausgerichtetes Verständnis von Mission an. Beide Aspekte, der räumliche und der zeitliche, ziehen sich durch das ganze Lied, wenn es heißt: *in alle Lande* (2,2), *an allen Orten* (3,3), *auf weitem Erdenkreis* (4,5), *kein Ort* (6,2), *zu allen Toren* (6,4), *aller Welt ihr Richter* (8,1 orig.). Auffallend häufig begegnet das Adverb *bald,* es deutet auf das eschatologische Moment, das in Str. 5,4 mit der Bitte *O würd es doch nur bald vor Abend licht!* (Sach 14,7b) auf den Abend der Welt anspielt. „Ein wirkliches Missionslied" urteilte Rudolph Stier 1838.[6]

[3] Diese Fassung übernahm Knapp 1850 in die 2. Aufl. seines „Evangelischen Liederschatzes". Sie ersetzte die Version der 1. Aufl. von 1837.

[4] Die im EG fehlerhafte Angabe „1837" beruht auf einem Versehen. Für diese Information danke ich Martin Rößler.

[5] Anders die Kommentarliteratur, einschließlich HEKG, die diesen Titel einer Unterrubrik als Liedüberschrift deutet.

[6] Rudolph Stier, Gesangbuchnoth, Leipzig 1838, 159.

Auch Strophe 2 beginnt mit einem markanten Vers, basierend auf Lukas 12,49. Fast gleichlautend lässt Georg Friedrich Fickert sein Missionslied *O dass doch bald dein Feuer brennte* (1812, EG 255) beginnen. Str. 2,3–6, und Str. 3,1f liegt Matthäus 9,37f zugrunde. Der Bibeltext klingt bereits in den Worten an, die dem Lied vorangestellt sind, er ist die biblische Mitte des Liedes.[7]

Strophe 4 bewegt sich im Rahmen der zuvor geäußerten Gedanken, die Anfangsverse beziehen sich auf Psalm 68,12 in der unrevidierten Lutherübersetzung. Wird in Str. 1,4 allgemein vom *Feind* gesprochen, ist in 4,4 von *Satans Reich* die Rede. Dem korrespondiert in 4,6 *dein* [Gottes] *Reich*. „Der Untergang des Reichs des Satans in uns/Als ein unbetrügliches Kennzeichen der wahren Bekehrung" lautete der Titel einer 1718 veröffentlichten Predigt August Hermann Franckes. Bezogen auf unsern Text ließe sich formulieren, das Reich des Satans ist die Welt der Unbekehrten, Feind ist jeder, der eine Bekehrung und damit die Ausbreitung des Gottesreichs bzw. des Gotteswortes, wie es im Titel der Unterrubrik heißt, verhindert.

Die Strophen 5–7 konkretisieren die weltweite Mission. Sie richtet sich an *die ganze Kirche* (7,6), *jede hoh und niedre Schule* (7,1), die *Heiden* (6,5) und an *dein Volk Israel* (6,5). Weil die Zahl der Knechte klein ist (2,6), bedarf es der *großen Scharen, die in der Kraft Evangelisten sein* (4,1f), *treuer Lehrer viel und Beter* (7,5), wie der *Hirten* (10,1 orig.). Das Hauptaugenmerk liegt dabei auf dem Zustand von Kirche und Schule.

Bemerkenswert ist eine kleine Änderung in Str. 6,5. Ursprünglich lautete der Vers *ja, wecke doch auch Israel bald auf* (so noch EKG 216,6). Die EG-Fassung formuliert *Ja, wecke dein Volk Israel bald auf* und betont damit die Erwählung Israels. Zugleich entsteht eine kleine sprachliche Parallele zu *Strophe 5,3 dein Volk aus dem Gefängnis nähme!* Dadurch ist zunächst nicht klar, wer hier mit *dein Volk* gemeint ist. Vergegenwärtigt man sich die biblischen Bezüge, ließe sich bereits hier an die endzeitliche Erlösung Israels denken. Bogatzky formuliert sehr eng am Bibeltext: Psalm 14,7a *Ach dass die Hilfe aus Zion über Israel käme und der Herr sein gefangenes Volk erlöste!* (5,1–3), Sacharja 14,7b *es wird nicht Tag und Nacht sein, und auch um den Abend wird es licht sein* (5,4), Jesaja 64,1a (abw. Verszählung: Jes 63,19b) *Ach dass du den Himmel zerrissest und führest herab* (5,5.6). Das Sacharja-Zitat verwendet Bogatzky wiederholt in seinen Liedern in eschatologischem Zusammenhang. Es klingt auch im Titel der Schrift „Licht am Abend" (1728) von Johann Heinrich Callenberg an, dem Gründer des Institutum Judaicum in Halle. In einem fiktiven Dialog zweier Rabbiner wird darin die Erlösung Israels behandelt.[8] Die primär gedachte Lesart dieser Strophe wird in den Schlussworten deutlich: *und mach uns frei* (5,6). Mit *uns* ist die Kirche gemeint.

[7] Für eine detaillierte Auflistung und Erläuterung zugrundeliegender Bibelstellen siehe HEKG I/2, 343f und Bunners 2003, 117–119.

[8] Johannes Wallmann, Der alte und der neue Bund. Zur Haltung des Pietismus gegenüber den Juden, in: Hartmut Lehmann (Hg.), Glaubenswelt und Lebenswelten (Geschichte des Pietismus 4), Göttingen 2004, 160.

Vor dem Hintergrund der in Theologie und Kirche aktuellen Diskussion um die Judenmission lässt Vers 5 in Strophe 6 *Ja, wecke dein Volk bald auf* in einem Gesangbuch der Gegenwart aufhorchen. Im pietistischen Umfeld Bogatzkys konnte eine derartige Bitte als philosemitisch verstanden werden. Man respektierte den biblisch begründeten Status des auserwählten Volkes und hoffte zugleich auf dessen Errettung, begründet in der für ihn typischen eschatologischen Deutung von Römer 11,25f, der zufolge Israel gerettet wird, sobald *die Fülle der Heiden eingegangen ist.* Als dem erwählten Volk Gottes begegnete man den Juden mit sozialer Fürsorge und geistigem Interesse. Diese mitfühlende Haltung änderte jedoch nichts daran, „sie ihrer ob wol verderbten religion“[9] zu kritisieren.

Verschiedentlich formuliert Bogatzky in den Liedern seiner „Uebung der Gottseligkeit“ die Hoffnung auf die endzeitliche Erlösung Israels. Anders als Paulus verzichtet er dabei auf die Rede von den verstockten Juden. Er nennt es das *arme Israel* (Nr. 141,16) und bittet *laß Israel bald Hilfe widerfahren* (Nr. 112,3) oder *ganz Israel erwache* (Nr. 33,6) bzw. *wecke dein Volk Israel bald auf,* wie es in Str. 6 unseres Liedes heißt. Er bewegt sich damit in der von Empathie geprägten Argumentationsweise seiner Zeit. Zinzendorf geht noch weiter, wenn er von Juden und Christen als Geschwistern spricht.[10]

Im Unterschied zur EG-Fassung verzichten RG, EM und CG auf die Israelstrophe (im RKG von 1953 war sie noch enthalten). Es bleibt die Frage, warum das EG an dieser Strophe festgehalten hat, war das Lied in der Gesangbuchkommission doch ein „besonders strittiger Fall“, wie Ernst Lippold (84, hier auch die folgenden Zitate) schreibt. Der möglichen antijüdischen Lesart dieses Textes war man im EKG mit einer Fußnote begegnet und erklärte ‚Israel‘ mit „das jüdische Volk“. Sie sollte die verbreitete christlich vereinnahmende Deutung verhindern. Im EG ist diese Erklärung durch den Verweis auf Römer 11,25f ersetzt worden. „Die Liebe zu Israel“ und das christliche Bemühen „um ein erneuertes Verhältnis der Kirche zu Israel“ möchte man damit hervorheben. Gleichwohl endet Lippold mit der Frage, ob der Verweis auf den Römerbrief ausreicht, das Anstößige der Strophe zu beheben.

Was ist das Anstößige? Die mögliche vordergründige Lesart des Verses als eines Aufrufs zur Judenmission? Das ist denkbar angesichts dessen, das in der gegenwärtigen Diskussion der evangelischen Kirche „die Legitimität (heiden-) christlicher Judenmission [...] zu den offenen und umstrittenen Fragen“[11] ge-

[9] Philipp Jacob Spener, Unmaßgebliche gedancken, wie es mit den jüden ihrer bekehrung wegen, zu halten seye (1702), zit. nach Peter Vogt (Hg.), Zwischen Bekehrungseifer und Philosemitismus. Texte zur Stellung des Pietismus zum Judentum (Kleine Texte des Pietismus 11), Leipzig 2007, 38.

[10] „Nun kommt ihr Kinder Israel, werdet auch selig, komm Israel nach dem Fleisch, komm zu deinen jüngsten Geschwistern, zu den jüngeren Schaafen, zu den Schaafen aus einem andern Stall, damit eine Heerde, und ein Hirte werde.“ Nikolaus Ludwig von Zinzendorf, Die 29. Homilie über die Wundermittel, in: Peter Vogt (Hg.), Zwischen Bekehrungseifer und Philosemitismus, 2007, 70.

[11] Alexander Deeg, Kirche und Israel. Eine ekklesiologische Grundfrage, ihre Stellung in der Verfassung und ihre praktischen Konsequenzen, in: VELKD (Hg.), Zur Verhältnisbestimmung „Kirche – Judentum“. Dokumentation von Verfassungstexten und -diskussionen evangelischer Landeskirchen, Nr. 161, Januar 2012, 23.

hört. Bogatzkys Aussagen zu Israel lassen sich in seinen Liedern dahingehend nicht zwingend deuten. Sein theologisches Denken ist von Philipp Jakob Spener und August Hermann Francke geprägt, für beide war die Judenmission kein vorrangiges Thema. Die Fußnote mit dem Verweis auf die Verheißung endzeitlicher Erlösung in Römer 11 unterstreicht die pietistische Interpretation dieser Hoffnung, die zu einem gewissen Überschwang tendiert. Zinzendorfs Vision des geschwisterlich unter einem Hirten vereinten Juden- und Christentums[12] begegnet die moderne Theologie mit Zurückhaltung. „Es gibt vielmehr einen je eigenen, der jeweiligen Glaubensüberzeugung entsprechenden Ort von Christentum und Judentum innerhalb der Verheißungsgeschichte Gottes."[13]

Auf die Bitte um die baldige endzeitliche Erlösung Israels folgt die Bitte um Erneuerung der Kirche. Diese Strophe fehlt im EG, sie beginnt mit *O! beßre Zions wüsten Stege* und endet mit der Aussage *dass Kirch und Schul ein Garten Gottes sei* (EKG 216,7), die in Str. 7 *Laß jede hoh und niedre Schule die Werkstatt deines guten Geistes sein* ihre thematische Fortsetzung findet. Beide Strophen sprechen die Reformbedürftigkeit der Kirche an und heben die Schule, die im Halleschen Pietismus besondere Aufmerksamkeit genoss, als Evangelisationsort hervor.

Die dem Pietismus eigene Klage über den Zustand der Kirche geht im Wesentlichen auf Speners „Pia Desideria" (1675) zurück. Die Sorge um die Christenheit zielt in doppelte Richtung. Sie richtet sich an die Kirche um ihrer selbst willen und an die Kirche als Vorbild und Anreiz für die Juden, sich zu bekehren, „denn sie können es nicht glauben, daß es möglich sei, Christus für einen wahren Gott zu halten, wenn wir seinen Geboten nicht folgen."[14] So gesehen kann auch die im Lied ausgesprochene Kritik an der Kirche in diesem zweifachen Sinn angenommen werden.

Die der achten Strophe im Originaltext vorausgehenden vier Strophen fehlen. Damit ist der Gedankengang des Liedes weitgehend entfernt, in dem die Sorge ausgesprochen wird, die Bitten könnten unerhört bleiben. Diese Sorge gipfelt in der verzweifelt anmutenden wie provokanten Anklage: *Ach sist du nicht, was Jesus hat gethan? Ist er denn nicht der Heiland aller Welt?* (12,4f). *Herr, zürne nicht, dass ich so bitte* heißt es daraufhin in der folgenden Str. 13 der Urfassung (RG 979,6; EM 546,7), gefolgt von den vertrauensvollen Schlussversen:

Du willst wohl wissen recht zu richten,
da du ja aller Welt ihr Richter bist.
Laß nur dein Wort den Streit hier schlichten,
wenn deine Lieb' in uns im Zweifel ist;
und treib' uns ferner, dich nur anzuflehn,
es wird doch endlich noch vielmehr geschehn.

[12] Vgl. Anm. 10.

[13] Vgl. Jens Schröter (Stellungnahme für den Theologischen Ausschuss) in: VELKD (Hg.), Zur Verhältnisbestimmung „Kirche – Judentum", 33.

[14] Gnadauer Gemeinschaftswerk (Hg.), Erich Beyreuther (Bearb.), Philipp Jakob Spener, Umkehr in die Zukunft. Reformprogramm des Pietismus – Pia Desideria, (Gießen/Basel 1983), Berlin 1988, 52.

Der Hinweis auf den zu schlichtenden Streit war bereits durch die Strophenauswahl 1842 nicht mehr verständlich und zog die Bearbeitung der Schlussstrophe nach sich. Sie löst sich deutlich vom Original. Die offensichtlich zu hart empfundenen Aussagen zum Weltenrichter werden abgemildert. „Sie hat das Feierliche, das die Bogatzky-Strophe vermissen lässt" (Nelle 1924, 118). In dem Vers *du wirst der Menschheit Jammer wenden* sieht Nelle (ebd.) einen Anklang an Goethes „der Menschheit ganzer Jammer fasst mich an" in Faust I. Auf den naheliegenderen Bezug zur vorhergehenden Strophe der Urfassung verweist er nicht: *Du, als der Brunnquell aller Güte/ giebst selber mir etwas von deinem Sinn:/ dass mich der Menschen Elend jammern kann.*

Die EG-Fassung mit ihren acht Strophen ist schlüssig. Als Leitlied der Rubrik „Sammlung und Sendung", das „den Charakter eines Abschnitts besonders sinnenfällig repräsentiert und präsentiert"[15], nimmt es einen herausgehobenen Platz ein. Vor diesem Hintergrund sind die „Intention und die möglichen Wirkungen" des Textes sorgfältig zu bedenken, dies gilt im Hinblick auf Str. 6 auch „für die Frage danach, wie Texte in den Ohren von Jüdinnen und Juden klingen."[16]

Barbara Lange

[15] Martin Rößler, Prospekt eines Projekts, in: Kirchenamt der EKD (Hg.), Auf dem Weg zum Evangelischen Gesangbuch. Beiträge aus der Gesangbucharbeit, (EKD-Texte 36), Hannover 1990, 17.

[16] Alexander Deeg, Kirche und Israel, 22.

244 Wach auf, wach auf, ’s ist hohe Zeit

EG 244ö RG 789ö

Text

Verfasser Ambrosius Blarer **Quelle** *Ein Gebett guthertziger leüt gemeiner Eidgnosenschafft zů Gott*, Straßburg 1561 (UB Basel Sig Falk 1715/22, vgl. JLH 1968, 148) **Überschrift** *Ein gebaet gemeiner Christgleubigen wider jhre Feind.* **Ausgaben** W III,663; Das deutsche Kirchenlied von Martin Luther bis auf Nicolaus Herman und Ambrosius Blaurer (hg. K. E. Ph. Wackernagel), Stuttgart 1841 **Strophenbau** A8/4a A8/4a A8/4b A8/4b vgl. Frank 4.58 ‚ambrosianische Hymnenstrophe‘ **Abweichungen** ohne Stropheneinteilung; bei Zählung wie im EG folgende Abweichungen: 1,1 auf, *es ist groß* Zeit; 1,2 *her Christ mach vns din* Hilf nicht weit!; 1,3 Das wütend *vnd gantz vngestdům* Meer; 1,4 läuft an mit *gwalt*; 2,3 *Bschilt mit deim wort diß grausam gwill*; 3,3 *Verlich* deiner Kirche; 3,4 und *wolste zit* dazu; 4,1 *Vnd zu dem auch* das; 4,2 glauben *styff*; 4,3 *Mögind preisen den* Namen dein; 6,2 Zorn *offt greitzt dein grosse duldt*; 6,3 *Deins worts trew warnung stats* veracht; nach 6: 7. *Die Oberen vnd die vnderthon*, 7,2 *das vnser sünd gestrafft werden* soll; 7,3 *Wie du vns thust*, so; 7,4 *dan wir seind all nicht sollend* Knecht; 8,3 die uns *dabey nit wend lon bleiben*; 8,4 *dasselb gern woltend gar vertreiben*; 9,4 wir *wend gern fallen in dein* Hand; nach 9: 10. *Züchtig du vns mit svatters ruth*; 11. *Laß nicht verlestern deinen namen*; 12. *So wir doch gern fried woellten halten*; 13. *Biß du Hauptmann in disem streit*; 10,3 Und *all diß welt muoß jnnen werden* [dialektbedingte Unterschiede wurden nicht berücksichtigt, sondern lediglich offensichtliche Textunterschiede und den Sinn verändernde Wortstellungen] * RG: 5,4 wir *der Ding* **Verbindung TM** in der Q ohne N * wie EG in: Ein neues Lied. Ein Liederbuch für die deutsche evangelische Jugend (hg. Alfred Stier), Berlin-Dahlem 1932 * weitere Melodien: EG 193 (*Erhalt uns Herr bei deinem Wort* verbunden in: Das Gesangbuch für die evangelischen Gemeinden von Elsaß-Lothringen [hg. Friedrich Spitta], Straßburg 1899); Z I, 304 (*So Gott zum Haus nicht gibt sein Gunst*, Zwickau 1525, verbunden in: Christliche Kampflieder der Deutschen [hg. Ernst Sommer in Verbindung mit Konrad Ameln und Wilhelm Thomas], Kassel 1933)

Melodie

s. *Der Tag bricht an und zeiget sich* (EG 438)

Literatur

HEKG (Nr. 204) I/2, 327–329; III/2, 76–78; Sb, 316; HEG II, 41f ** ThustB, 237; ThustL I, 427–429 ** Bruppacher (1953) 378f; RößlerL ([2]2001) 209f ** SPITTA, Friedrich: Weitere liturgische Kriegsbeiträge, MGKK 20 (**1915**) 173–177 * JENNYG **1962**, 289 * JENNY, Markus: Ambrosius Blarer als Dichter und Hymnologe, in: Bernd Möller (Hg.), Der Konstanzer Reformator Ambrosius Blarer 1492–1564. Gedenkschrift zu seinem 400. Todestag. Konstanz/Stuttgart **1964**, 87–113 (bes. 89) * RÖSSLER, Martin: Ambrosius Blarer. Aus seinem Leben und Werk. Zum 400. Todestag am 6. Dezember 1964, WüBll 31 (**1964**) 153–165 (bes.

162–164) * JENNY, Markus: „Wach auf, wach auf, 's ist hohe Zeit". Die neu entdeckte authentische Quelle des Liedes, JLH 13 (**1968**) 146–151 * DERS.: Die Herkunftsangaben im Kirchengesangbuch, JLH 24 (**1980**) 53–68 (bes. 66) * ROSER, Hans: Lieder der Christen. Die Wochenlieder im Kirchenjahr – Geschichte, Hintergründe, Wissenswertes, Neukirchen-Vluyn **1995**, 38–41 * MARTI, Andreas: Singen – Feiern – Glauben. Hymnologisches, Liturgisches und Theologisches zum Gesangbuch der Evangelisch-reformierten Kirchen der deutschsprachigen Schweiz, Basel **2001**, 150

Dieses Lied hat eine in mehrfacher Hinsicht außergewöhnliche Überlieferungsgeschichte. Sie ist es wert, in einzelnen Schritten nachgezeichnet zu werden, denn gerade so wird die Eigenart des Textes, wie er heute im EG steht, deutlich. Der Konstanzer Reformator Ambrosius Blarer schrieb ihn im Jahre 1561 – drei Jahre vor seinem Tode. Im folgenden Jahr erstellte sein Freund, der Verleger und Chronist Gregor Mangolt, eine handschriftliche Sammlung aller Gedichte Blarers. Darin findet sich auch *Wach auf, wach auf* … – und zwar unter der Überschrift *Ein spruch oder gsang vff 16 Januarij im 1561 jar.* Auf das Widmungsblatt seiner Handschrift schrieb Mangolt über die Texte, dass sie *geistricher und kunstlicher sind dann andre gsang, hab die gemacht, wer da wölle.*

Jahrhundertelang blieb dieses späte Gedicht des Reformators ohne Melodie, wurde also nicht zum Lied, und daher blieb ihm eine größere Verbreitung verwehrt. Erst Philipp Wackernagel veröffentlichte es 1841 mit der originalen Überschrift in seiner ersten großen Quellensammlung „Das deutsche Kirchenlied von Martin Luther bis auf Nicolaus Herman und Ambrosius Blaurer". Die Nennung dieser drei Namen im Titel dieses Buches ist bemerkenswert: Sie steht für eine besondere Wertschätzung.

Für Friedrich Spitta ist Blarer „die eigentliche Dichternatur" unter den Reformatoren[1]. 1899 nimmt er aus dem dritten Band der inzwischen vorliegenden fünfbändigen Quellensammlung Wackernagels den vierzehnstrophigen Text in sein Elsässer Gesangbuch auf, verbindet ihn mit Luthers Melodie zu *Erhalt uns, Herr, bei deinem Wort* (EG 193) und ordnet ihn in die Rubrik der Lieder zum Reformationsfest ein. So ist aus einem Text, der in einer einzigen Handschrift überliefert worden war, nach fast 340 Jahren ein Kirchenlied geworden.

Das DEG von 1914 nimmt kein Lied Blarers auf, aber im Frankfurter Gesangbuch von 1928 (DEG) findet sich im Zweiten Teil, der die Lieder für die Frankfurter Landeskirche enthält, das Lied *Wach auf, wach auf.* Es steht dort im zweiten großen Abschnitt („Die Kirche und die Gnadenmittel") in der ersten Rubrik („Die Kirche") in derselben Textfassung und mit derselben Melodie wie in Spittas Gesangbuch.

1932 erscheint das Jugendgesangbuch „Ein neues Lied". Das Impressum weist darauf hin, dass es „von einer gemeinsamen Kommission für den Reichsverband der evangelischen Jungmännerbünde und den Evangelischen Reichsverband weib-

[1] Friedrich Spitta, Die Lieder der Konstanzer Reformatoren. II Ambrosius Blarer, MGKK 2 (1898), 383.

licher Jugend erarbeitet worden“ ist und „dem Inhalt nach bis auf die Eigenlieder mit dem Jungmännerbuch ‚Der Helle Ton‘ übereinstimmt“. Das Buch ist wesentlich gestaltet von Otto Riethmüller, dem Direktor des Burkhardthauses in Berlin-Dahlem, der Zentrale der weiblichen evangelischen Jugend. Das Lied *Wach auf, wach auf* findet sich, achtstrophig, im zweiten großen Abschnitt des Buches („Eine heilige christliche Kirche / Gemeinschaft der Heiligen“) in der Rubrik „Sammlung und Sendung der Kirche“ und ist verbunden mit der Melodie des Morgenliedes *Der Tag bricht an und zeiget sich* von Melchior Vulpius (EG 438). Es gibt zusätzlich den Hinweis auf die Melodie von *Erhalt uns, Herr.*

In den folgenden Jahren verbindet sich die Geschichte der Textgestalt des Liedes in besonderer Weise mit der Zeitgeschichte: Im Oktober 1933 steht es mit sieben Strophen in der von Ernst Sommer in Verbindung mit Konrad Ameln und Wilhelm Thomas herausgegebenen Sammlung „Christliche Kampflieder der Deutschen“. Wie das Vorwort sagt, will dieses Heft ein Zeugnis des Geistes sein, „der heute in uns Nationalsozialisten wieder lebendig geworden ist“. Das Lied ist eingeordnet in den Abschnitt „Wach auf, du deutsches Reich“ und steht unter der Überschrift „Ein Spruch oder Gesang von dem Hauptmann Jesus Christ“. Als Melodie ist ihm - ohne nähere Herkunftsangabe - eine aus der frühen Reformationszeit stammende[2] mit dem Psalmlied *So Gott zum Haus nicht giebt sein Gunst*[3] verbundene Weise beigegeben.

1935 nimmt Riethmüller die achtstrophige Fassung mit der Vulpius-Melodie aus dem „Neuen Lied“ in das Liederheft der Bekennenden Kirche „Wehr und Waffen - Lieder der kämpfenden Kirche“ auf. Sein Geleitwort beginnt mit dem Satz: „Erneuerung der Kirche bedeutet, ganz neu auf Gottes Wort hören, gläubiger als bisher mit dem Vater reden, dankbarer sein Lob singen. Dazu wollen diese Lieder eine bescheidene Hilfe sein, der kämpfenden und bekennenden Kirche ‚ein gute Wehr und Waffen‘.“ Er versteht die Sammlung im Anschluss an sein Jugendliederbuch „Ein neues Lied“ als eine „dem gegenwärtigen Weg der Kirche entsprechende Ergänzung zum DEG“. Er ordnet die großen Abschnitte des Heftes unter Zitate aus dem Liede *Komm, Heiliger Geist, Herre Gott* und setzt zudem über jedes Lied eine Überschrift. Im vorliegenden Fall lautet sie: „Das wütende Meer“.

1938 erscheint in Stuttgart das „Gesangbuch für die Jugend“, herausgegeben vom Württembergischen evangelischen Landesverband für Kindergottesdienst und Sonntagschule in Stuttgart - „im Einvernehmen mit dem Evangelischen Oberkirchenrat in Stuttgart“. Eine Vorbemerkung weist darauf hin, dass die Fassung der Texte und Weisen, die der Landeskirchenmusikwart Wilhelm Gohl besorgte, den „gegenwärtigen Bemühungen um eine künftige Einheit des kirchlichen Gemeindegesangs der evangelischen Kirche in Deutschland“ Rechnung tragen. Hier steht das Lied in einer neunstrophigen Fassung im zweiten großen Abschnitt „Kirche, Wort und Sakrament“ mit der Vulpius-Melodie.

[2] Z I,304; GB Zwickau 1525 und 1528 - sonst nicht weiter verbreitet.

[3] Der Text des Liedes findet sich im EKG 194 mit dem Incipit *Wo Gott zum Haus nicht gibt sein Gunst* mit einer anderen Melodie.

Wohl im Oktober, spätestens November 1939 – der Krieg hat also schon begonnen! – erscheint das Lied in einer fünfstrophigen Fassung im deutschchristlichen „Gesangbuch der Kommenden Kirche" – ebenfalls mit der Vulpius-Melodie. Es gehört zu einer Gruppe von Liedern, die unter der Überschrift stehen: „Es schaffen unsre Hände"[4]. Das Vorwort zu diesem Buch hat der Landesbischof und Bremische Staatsrat Lic. Dr. Heinz Weidemann geschrieben. Darin finden sich unter anderem die Sätze: „Wir singen das Lied der Väter. Wir singen Lieder der Zeit, aber wir singen deutsch, auch als Christen nur deutsch". (Weidemann hatte schon 1935 die „Lieder der kommenden Kirche" herausgegeben – in jener Sammlung war aber das Lied Blarers noch nicht enthalten.) Der Bremer Landesbischof ist auch Herausgeber von „Kommende Kirche. Wochenblatt für eine christliche Kirche deutscher Nation". In der Ausgabe vom 22. Oktober 1939 schreibt Emanuel Hirsch[5], profilierter Vertreter der Glaubensbewegung deutscher Christen, der an der Arbeit am „Gesangbuch der Kommenden Kirche" beteiligt gewesen ist und auch eigene Texte beigesteuert hat, einen umfangreichen Aufsatz über das Gesangbuch und weist darauf hin, dass es „in diesen Tagen" der Öffentlichkeit übergeben werden kann. Er beschreibt Inhalt, Prägung und Gliederung des Buches, erklärt, warum man die „Zionismen auszumerzen" hatte, und bezeichnet die Sammlung als „Kern eines [...] Reichsgesangbuchs [...] und ein verbindendes Glied zwischen Christen aller Stämme und Landschaften."

Außerhalb Deutschlands, in der Schweiz, sieht es anders aus:

1941 wird *Wach auf, wach auf* im Probeheft für das „Gesangbuch der Reformierten Kirchen der deutschen Schweiz" für das Reformationsfest vorgesehen und erscheint dann auch 1952 in dem neuen GB in einer neunstrophigen Fassung, verbunden mit der Luthermelodie zu *Erhalt uns, Herr, bei deinem Wort*, in der Rubrik „Kirche in Kampf und Leiden". Das EKG (1950) übernimmt elf Strophen aus der Fassung des Frankfurter Gesangbuchs von 1928 mit der Vulpius-Melodie und ordnet das Lied in die Rubrik „Die Kirche" ein.

Es ist hier nicht der Ort, im Einzelnen auf die bisher schon erwähnte unterschiedliche Strophenauswahl einzugehen. Alle genannten Gesangbücher behalten die am biblischen Text orientierten ersten beiden Strophen bei. Die Strophe *Mach uns den Feinden nicht zu Spott* findet sich in allen Liedfassungen, wenn auch an je unterschiedlicher Stelle. Anders als später das EG schließen alle hier genannten Sammlungen mit den schon bei Spitta abgedruckten Strophen:

Sei du Hauptmann in diesem Streit,/ dein siegreich Hand helf uns derzeit,
damit der Feind, wie groß er ist,/ muß sehen, daß du stärker bist.//
In deiner Kraft wir liegen ob,/ daß weit erschall dein Ehr und Lob
und alle Welt des inne werd,/ daß du noch lebst und richtst (herrschst) auf Erd.

[4] Das ist die Eingangszeile eines wenig später in dieser Gruppe stehenden Liedes, das vom „Kampf gegen Rom" singt.

[5] Professor für Kirchengeschichte, seit 1935 für Systematische Theologie an der Universität Göttingen.

Nur das „Gesangbuch der Kommenden Kirche“ erlaubt sich, in der letzten Strophe die erste Zeile auszutauschen: *Du bist der Deinen Burg und Wehr,/ daß weit erschall dein Lob und Ehr.* Mit diesem Kunstgriff wird deutlich gemacht: *Wir* sind die Kirche des deutschen Reformators Martin Luther. Aber dennoch: In allen bisher genannten Fassungen ist das Lied - schon durch die Kopfzeile - ein dringender Ruf um Hilfe geblieben. Es geht um Bedrohung, Kampf, Feinde - und um Gottes Kraft. Aber am Ende heißt es: *Wir liegen ob* (im Anschluss an Spitta, in fast allen Fassungen) bzw. *wir siegen, Herr* (RKG 1952).

In den sechziger Jahren des zwanzigsten Jahrhunderts entdeckt der Schweizer Hymnologe Markus Jenny, der dem dichterischen opus von Ambrosius Blarer schon seit einigen Jahren nachgegangen ist, in der Baseler Universitätsbibliothek durch Zufall den aus Straßburg stammenden Urdruck des Blarerschen Textes.[6] Auf dem Blatt, das die Jahreszahl 1561 trägt, steht, ohne dass der Name des Verfassers genannt wird, der letzte Text Blarers: *O Gott, von großer Gnad und Güt,* ein inständiges Gebet um Frieden und eine Klage über die Unbußfertigkeit. Ihm folgt ein zweispaltig gedrucktes Gedicht, ein Spruchgedicht, das die Überschrift trägt: „Ein gebät gemeiner Christ || gleubigen wider jhre Find [sic]“. Und hier handelt es sich um die Urfassung von *Wach auf, wach auf!* Ein Vergleich mit der oben genannten Handschrift zeigt, dass die Einteilung in Strophen auf Mangolt zurückgeht und dass dieser auch den Text bearbeitet hat: Eine Strophe hat er gestrichen (im EG ist es die siebte), an anderen Stellen hat er den Text verändert. EG (1993) und RG (1998) gehen nun - nach einem im einzelnen begründeten Vorschlag von Markus Jenny - von der Fassung des Urdrucks aus. Die ersten neun Strophen halten sich an deren Reihenfolge, sie lassen dabei aber die ursprüngliche siebte Strophe aus und setzen stattdessen die jetzige siebte Strophe ein, die in der Handschrift von Mangolt ausgelassen worden war. Die alten Strophen 10-13 sind entfallen, wohl, weil sie im wesentlichen wiederholen, was schon zuvor gesagt worden ist. Zur heutigen letzten Strophe, deren Fassung erheblich von der Mangoltschen Fassung abweicht, soll weiter unten noch etwas gesagt werden.

So hat der alte Text auf einem langen Weg zu einer stringenten neuen Form gefunden.

Das ganze Lied ist ein Weckruf - er gilt Christus. Wer so ruft und singt, wird mit kühnem Griff in die Situation äußerster existenzieller Bedrohung versetzt: Er gerät zu den Jüngern Jesu in das Boot, das vom brüllenden Sturm und von tobenden Wellen in höchste Bedrängnis gebracht wird und unterzugehen droht. Und Jesus schläft (Mt 8,23-27par).

Am Ende seines Lebens mag diese Situation für Ambrosius Blarer tatsächlich gegeben gewesen sein: Sein Lebenswerk, die Einführung der Reformation in Konstanz (gemeinsam mit seinem Bruder Thomas und mit Johannes Zwick), der Aufbau eines blühenden evangelischen Gemeindelebens, evangelischer Gottesdienst, Unterrichtswesen, Armenpflege - alles war dahin. Nach der Einfüh-

[6] Markus Jenny 1968, 146-151.

rung des Interims 1548 hatte die Stadt ihr Recht als Freie Reichsstadt verloren und wurde dem katholischen Österreich zugeschlagen. Blarer war verbannt worden und durfte nicht mehr zurückkehren.

Auch der Blick auf die Gesamtlage der Christenheit war für ihn deprimierend: katholisch gegen evangelisch, lutherisch gegen reformiert (Blarer stand als Freund Melanchthons und Bucers eher zwischen den Lagern). Auch gab es eine hässliche Vermischung von dogmatischem und politischem Denken. Dies alles war ganz gegen das Naturell Blarers, der eher der Meinung war, dass der Mangel an Liebe ein Zeichen für den Mangel an Glauben ist. Seine Grundsätze für die reformatorische Arbeit lauteten „On ein gezwang" und „Die Liebe soll alles ordnen"[7]. Und nun drohten entweder der Untergang der reformatorischen Bewegung oder eine bleibende Spaltung und bleibende Kämpfe in der Christenheit. Und Jesus schläft. Also muss man ihn wecken. Er ist ja im Boot.

Es gibt in der Geschichte des Kirchenliedes viele Lieder, die – in der Tradition des alten „Wächterliedes" – mit einem einfachen oder auch einem zweifachen „Wach-auf"-Ruf beginnen. Sie haben mancherlei Adressaten: *du christliche Gemein*[8]; *du sichre Welt*[9]; *o Mensch*[10]; *du Geist der ersten Zeugen*[11]; – und, im Laufe der Jahrhunderte stark an Zahl zunehmend: *mein Herz*[12]; *meine Seele*[13]. In demselben Jahr, in dem Blarers Text entstand (1561), schrieb Johann Walter sein *Wach auf, wach auf, du deutsches Land!* (EG 145), ein Lied, das in mancher Hinsicht inhaltlich und im Blick auf die Situation vergleichbar ist – jedoch ein anderes Du anredet. Aber der Ruf *Wach auf, wach auf [...] Christ* ist im Kirchenlied wohl singulär. Zudem lässt die Formulierung *'s ist hohe Zeit* in Verbindung mit diesem Weckruf eine Dringlichkeit von hoher Intensität entstehen. Vielleicht kann ein solcher Ruf nur von Menschen ausgehen, die eine Art von verzweifeltem Vertrauen zum Angerufenen haben. Es ist eine Besonderheit der biblischen Tradition, dass Beter, die wachen Blickes auf den Zustand des Volkes Gottes und auf die Verfassung ihrer Welt schauen und darüber fast an Gott irre werden, diesen Ruf ausstoßen: *Wach auf, Herr, warum schläfst du?* (Ps 44,24). Auch ein Einzelner, der von böser Macht überrollt zu werden droht, findet zu diesem Ruf: *Erwecke dich, wache auf zu meinem Recht und zu meiner Sache, mein Gott und Herr!* (Ps 35,23). Ambrosius Blarer stellt sich mit diesem Weckruf in solche Tradition des Betens. Hier geht es nicht darum, verstörte und ängstliche Menschen zu trösten: *Siehe, der Hüter Israels schläft und schlummert nicht* (Ps 121,4). Nein – hier geht es um die Erfahrung, dass Gott im Himmel zu schlafen scheint. Der eröffnende Weckruf dieses Liedes stürmt den Himmel, gibt sich nicht zufrieden mit dem derzeitigen Zustand der Kirche Jesu

7 RößlerL 2001, 203.
8 FT II,51.
9 Ebd., 235.
10 Z III,5863.
11 EG 241.
12 EG 114.
13 FT III,232.

Christi und auch nicht mit dem Lauf der Welt und erwartet nichts weniger, als dass er gehört wird und Antwort und Hilfe erhält. Martin Luther weist in einer Predigt zu Matthäus 8[14] darauf hin, wie wichtig es ist, dass die Jünger gar nicht erst anfangen, das Wasser aus dem Boot zu sammeln und wegzuschütten, sondern dass sie zu Christus rufen: Der Ruf „wir verderben" ist Ruf des Unglaubens, aber der Ruf „Herr, hilf!" ist der Ruf des Glaubens - vielleicht eines schwachen Glaubens, aber doch des Glaubens - und dann steht das Meer.

Die folgenden Strophen des Liedes sprechen eine klare, eindeutige Sprache, die benennt, was bedroht und was dringend nötig ist. Bedroht sind Lehre, Frieden, Ruhe und Gedeihen der Kirche (3); erbeten werden Glaube, Lobpreis des Namens, gemeinsames Leben für Christus als sein *lieb völcklein* (4), Neugeburt aus dem Geist (5). Bekannt wird eigene Schuld (6), anerkannt wird nötige Strafe (7); aber um des Wortes willen, von dem die Gemeinde lebt, wird auch um Schutz vor den Feinden gebeten (8.9).

Eindrücklich ist die letzte Bitte in Strophe 10 - sie entstammt dem neu aufgefundenen Urdruck des Textes. Der Schreiber Mangolt hatte sie radikal verändert: In dessen Version, die sich bis zum EKG und zum RKG von 1952 gehalten hat, lief der Text auf die Bitte um den Sieg der eigenen Partei hinaus - zu Gottes Ehre. Wie anders klingt dagegen das Original: Bitte um Bekehrung des Feindes und um die Einheit aller Glaubenden in Lob und Preis - ein *Wunder* vor aller Welt. Kunstvoll wird hier einerseits an das Hohepriesterliche Gebet Jesu angeknüpft (Joh 17,21ff), zugleich aber auch an den Beginn des Liedes: Wo das Meer gestillt wird, da „wundern" sich die Menschen (Mt 8,27). Wo die Kirche Jesu Christi in Glauben, Hoffnung und Liebe eins wäre, da könnten die anderen zum Glauben finden: zum Glauben an den Gott, der auf der Erde Wunder der Rettung tut.

Die Melodien, die dem Lied zugewiesen wurden, sind Lehnmelodien, die bei den betreffenden Liedern behandelt werden (EG 193; 438).[15] Daher stehen an dieser Stelle nur kurze Hinweise. Friedrich Spitta hatte dem Text die Melodie von Martin Luthers *Erhalt uns, Herr, bei deinem Wort* (EG 193) zugewiesen. Beide Texte haben einige Gedanken gemeinsam, und vielleicht wollte Spitta auch durch diese Zuweisung anzeigen, dass Blarer zu den großen Reformatoren gehört: Das Titelblatt seines Gesangbuchs bringt drei Zitate über das Singen von Martin Luther, Martin Bucer und Ambrosius Blarer. Allerdings ist die Melodie von Luther sehr sensibel als Melodie zu einem Gebetstext gestaltet: Alle Zeilen folgen demselben ruhigen rhythmischen Gleichmaß: jeweils eine Halbe am Anfang und Ende jeder Zeile, dazwischen jeweils sechs Viertelnoten, die im Verlauf nie größere Abstände als eine Terz zu überbrücken haben, und auch der harmonische Raum verzichtet auf Ausweichungen und Überraschungen. Die Melodie will den angemessenen Raum für das gemeinsame Gebet

[14] WA 32, 8-16.

[15] Die lediglich in den „Christlichen Kampfliedern der Deutschen" von einem reformatorischen Psalmlied übernommene Melodie bleibt hier unberücksichtigt.

bereitstellen, das in schwieriger Zeit gesprochen wird. Man kann Blarers Text zwar darauf singen, aber es ist wohl nicht die glücklichste Lösung.

Anders ist die von Riethmüller erstmals aufgenommene Melodie des Morgenliedes *Der Tag bricht an und zeiget sich* von Melchior Vulpius (EG 438). Sie „weckt" tatsächlich: Quintsprung nach oben gleich zu Beginn mit anschließendem Halbtonschritt, Aufmerksamkeit verstärkend die 2. Zeile, die über die Quinte nach oben zur Septime führt, große rhythmische Vielfalt, punktierte Ligaturen, die Aufmerksamkeit und Spannung erregen, harmonische Farbigkeit. Es entsteht ein Eindruck von Bewegung und Helligkeit, der sich verstärken kann, wenn die Singenden auch das Morgenlied kennen.

Und heute? In der Zeit des Kirchenkampfs ist das Lied – wie viele andere Kirchenlieder – von beiden Parteien gesungen worden – auf beiden Seiten wohl auch engagiert. Für einen Mann wie Emanuel Hirsch, für den seit 1920 „Das deutsche Schicksal" das entscheidende Thema seiner theologischen Ethik geworden war, „musste das Jahr 1933 den Charakter der göttlichen Erfüllung erhalten"[16] – und jetzt, im Gegenüber zur Bekennenden Kirche, stand für ihn „die Kirche" auf dem Spiel; für die andere Seite aber auch!

Die im Gesangbuch der Kommenden Kirche stehenden Strophen des Liedes finden sich alle in der achtstrophigen Fassung Riethmüllers. Und doch sang man auf beiden Seiten nicht dasselbe Lied. Dies zeigt schon ein kurzer Blick: Das deutschchristliche Buch setzt das Lied in die Gruppe mit der Überschrift „Es schaffen unsere Hände", auf die ersten beiden Strophen folgt als dritte jene, die heute als Str. 9 im EG steht. Dadurch bleiben die *Feinde* eine unbestimmte, gesichtslose Gruppe. Es gibt kein Eingeständnis irgendeines eigenen Versagens, und die geänderte Eingangszeile der letzten Strophe dient vermutlich doch auch dazu, dem – ebenfalls aus Luthers berühmtem Lied stammenden – Gesangbuchtitel „Wehr und Waffen" einen möglichen Alleinvertretungsanspruch abzusprechen. Bei Riethmüller ist das Lied das erste im Abschnitt „O Herr, durch deines Lichtes Glast / zu dem Glauben versammelt hast / das Volk aus aller Welt Zungen./ Das sei dir, Herr, zu Lob gesungen."[17] Er übernimmt die dritte Strophe (die heute auch im EG steht) und bittet: *halt uns im Fried bei deiner Lehr*; er bekennt unrechtes Verhalten und benennt die Feinde als diejenigen, die *dem Licht des Wortes wehren.* Aber nicht nur die Texte und die Gedanken sind unterschiedlich, fast noch gewichtiger ist der Unterschied in der Lebenssituation der Singenden: auf der einen Seite der Wille, sich der Macht des WORTES zu überlassen. „Nachfolge" – nicht „Erfolge" hieß die Maxime Riethmüllers.[18] Durch einen solch unterschiedlichen Impuls entsteht auch ein unterschiedlicher „Ton", eine unterschiedliche Weise des Singens. Zeitzeugen aus der Arbeit Riethmüllers haben immer wieder davon berichtet.

[16] So Klaus Scholder, Die Kirchen und das Dritte Reich, Bd. I Vorgeschichte und Zeit der Illusionen 1918–1934, Frankfurt/Berlin/Wien, 1977, 531.

[17] Aus EG 98,1.

[18] RößlerL, 900.

Heute sind wir 80 Jahre weiter. Es gibt keinen „Kirchenkampf“ mehr. Das EG kennt auch keine Rubrik „Kirche“ mehr. Der Weckruf, der aus lebensbedrohlicher Situation den schlafenden, untätigen Christus sucht, steht jetzt zwischen zwei Lobliedern in der Rubrik „Sammlung und Sendung“ - ein fremder Gast, mit dem man nicht recht etwas anzufangen weiß.

Vielleicht könnte eine Annäherung an ihn für Einzelne oder für eine Gruppe zunächst durch wiederholtes aufmerksames hörbares Lesen des Textes beginnen. Auch die Geschichte, die Matthäus 8 erzählt, sollte dazukommen. Man muss ja nicht alles gleich als das Eigene vertreten. Man könnte nur einmal dem Lied aufmerksam zuhören - vielleicht an einem Gemeindeabend am Reformationsfest? Vielleicht könnte daraus ein Gespräch erwachsen: Was ist „die Kirche“ heute? Wovon lebt sie? Ist sie das, was Reinhold Niebuhr in den unglaublichen Worten, die in den meisten Ausgaben des EG unter dem Lied abgedruckt sind[19], von ihr sagt? Wer gehört denn dann dazu?

Das alte Lied in seiner alten Sprache kann auch heute Menschen sammeln, die die Zeichen unserer Zeit wahrnehmen, kann sie in Gang setzen, auch zum Gebet ermutigen. Vielleicht finden sie dann auch neue Sprache. Vielleicht will das Lied sie auch „senden“.

Und wenn sie das alte Lied miteinander singen wollen, könnten sie versuchen, die beiden Melodien, die sich mit ihm verbunden haben (EG 438, 193), in sinnvoller Weise miteinander wechseln zu lassen.

Christa Reich

[19] „Die christliche Kirche ist eine Gemeinschaft von hoffenden Gläubigen, die sich weder vor dem Leben noch vor dem Tode, weder vor der Gegenwart noch vor der Zukunft fürchten müssen.“

249 Verzage nicht, du Häuflein klein

Text

Verfasser Jakob Fabricius **Entstehung** 1631/32 **Vorlage** Ri 6–8 **Quellen** (a; Str. 1–3) *EPICEDION Lamentabile* [...] *Ehren-Lied, Vber den tödtlichen Hintritt des Gottseligsten* [...] *Königs Gustaff Adolphen* [...] *Beneben angefügtem Königlichen Schwanen= Gesang,* Leipzig [1632][1] * (b; Str. 1–5) *PSALMODIÆ NOVÆ Pars Tertia* [...] (M.J. Clauder), Leipzig 1636 (DKL 1636[04]) **Überschrift** (a) *Königlicher Schwanengesang/ So Ihre Majest. vor dem Lützenschen Treffen inniglichen zu Gott gesungen* * (b) *XVII.* [es folgt der Abdruck der Melodie ohne Text] *Oder/ nach der Melodey: Kompt her zu mir spricht Gottes Sohn.* [Es folgt auf der nächsten Doppelseite der fünfstrophige Text: links deutsch, rechts lateinisch: *Absit timor, pusille grex*] **Ausgabe** FT II,56 **Besonderes** früher Michael Altenburg zugeschrieben (FT II, S. 60) **Strophenbau** A8/4a A8/4a A7/3b-, A8/4c A8/4c A7/3b- Frank 6.19 **Abweichungen** (a) 1,5 wird *gantz* angst; 1,6 nicht *lang mehr*; 2,1 Tröste dich *das*; 2,3 laß es *ihme* nur; 3,3 und was *deme*; 3,6 Sieg *wollen* * (b) 2,3 Ihn *schlecht* walten; 2,4 durch *seinen* Gideon; 3,2 muß *Welt/ Teuffel* und; 3,4 zu *Schand* und Spott; 4,3 *Bußfertiglich* erkennen; 4,5 *Der zu helffen* ein; 5,2 *Gottseliglich* leben *hinfort* **Verbindung TM** (a) in der Q ohne M * (b) Z II,2516 und alternative Tonangabe wie EG * weitere: Z II,2542 (M aus DKL 1694[04], 1855 mit dem vorliegenden Text verbunden); s. auch Kommentar mit Fußnote 17

Melodie

s. *Kommt her zu mir, spricht Gottes Sohn* (EG 363)

Literatur

HEKG (Nr. 211) I/2, 337f; III/2, 92–94; Sb, 324–326; HEG II, 88f ** ThustB, 240; ThustL I, 436–438 ** KLL (1878–1886) II, 300–303; Erk-Böhme (1893–1894) 125; Nelle ([3]1924) Nr. 178; Bruppacher (1953) 384f; RößlerL ([2]2001) 432 ** PFISTER, Johann Christian: Geschichte der Teutschen: nach den Quellen, Bd. 4, Stuttgart **1833**, 518 * GEFFCKEN, Johannes: Gustav Adolphs Schwanengesang, Hamburg **1856** * VAHLDIECK, Fritz: Ein altneues Kriegslied, MGKK 21 (**1916**) 323–326 * NELLEG **1904/[3]1928**, 118 * KITZIG, Berthold: Gustav Adolf, Jakobus Fabricius, und Michael Altenburg – die drei Urheber des Liedes „Verzage nicht, du Häuflein klein!“, Göttingen **1935** (mit Faks aller Quellen) * KITZIG, Berthold: Gustav Adolf und „Verzage nicht, du Häuflein klein!“, MGKK 43 (**1938**) 37–40 * LAUTERBURG, Otto: Nun danket alle Gott. Betrachtungen zu Liedern des Gesangbuchs der evangelisch-reformierten Kirchen der deutschsprachigen Schweiz, Bern **1953**, 204f * AMELN, Konrad: Michael Altenburg, JLH 8 (**1963**) 153–158 (bes. 153.155f) * WITTENBERG, Andreas: Militärgesangbuch und Militärseelsorge in Vergangenheit und Gegenwart, JLH 18 (**1973/74**) 97–162 (bes. 126.146. 158) * ELTZ-HOFFMANN, Lieselotte von: Lob Gott getrost mit Singen – Die schönsten Kirchengesangbuchslieder und ihre Dichter, Stuttgart **1980**, 51f * HEINER, Wolfgang: Bekannte Lieder – wie sie ent-

[1] Zum möglichen Erscheinungsjahr: BHy 1885, 166f; Geffcken, 6.

standen, Neuhausen/Stuttgart ³**1985**, 110 * Erb, Jörg: Dichter und Sänger des Kirchenliedes, Bd. 4 Verfasser von Liedern und Weisen des Kirchengesangbuchs aus der Zeit des Dreißigjährigen Krieges und des Pietismus, Lahr-Dinglingen ²**1986**, 15f

Nur wenige Lieder des EG sind so offensichtlich mit konkreten politischen Situationen in Verbindung zu bringen wie dieses. Seine Entstehung hängt mit der Schlacht bei Breitenfeld (heute Stadtteil von Leipzig) im Dreißigjährigen Krieg zusammen, wo Gustav II. Adolf 1631 das kaiserliche Heer Tillys besiegte. Als dann die Truppen Wallensteins und Gustav Adolfs Mitte November 1632 in der Schlacht bei Lützen aufeinander trafen, war das Lied bereits bekannt. Der Schwedenkönig soll vor dieser Schlacht eine Betstunde abgehalten haben, in der auch das Lied *Verzage nicht, du Häuflein klein* gesungen wurde. Gustav Adolfs „Feldliedlein", wie man es nannte, und seine Einbettung in die Geschehnisse vor der Lützen-Schlacht sind in der Literatur oft mit allerlei Ausschmückungen erzählt worden, die schon bald nach den Ereignissen als Beispiele heldenhafter Tugend aufgezeichnet worden waren.[2] Das Lied hat, durch seine Entstehung bedingt, den Charakter eines aufmunternden Kriegsliedes, das die schwächere Partei anspricht und ihr vor der Schlacht Mut machen will. Es ist in enger Verbindung zwischen dem schwedischen König und seinem Hofprediger Jakob Fabricius entstanden, der heute als Dichter des Textes angesehen wird.[3] Nachdem Gustav Adolf in der Schlacht bei Lützen getötet worden war, bekam das Lied den Namen „Schwanengesang".[4]

Ein Blick auf den Text zeigt, dass die Strophen 4 und 5 einen anderen Charakter, andere Themen und eine andere Herkunft haben als die Strophen 1–3.

In Str. 1 ist von Feinden die Rede, die auf Verstörung (Zerstörung) und Untergang sinnen. Sie verbreiten Angst, auch wenn diese, wie man hofft, nicht lange anhalten wird. Die Frage, wer die Feinde eigentlich sind, wird hier ebenso wenig beantwortet wie in Luthers Feste-Burg-Lied. Angesichts des geschichtlichen Kontextes darf man davon ausgehen, dass ursprünglich die Gegner der Reformation und ganz konkret die kaiserlichen Truppen gemeint sind.

Str. 2 spricht von Rache an den Feinden, einer Rache, die eigentlich nur Gott selbst zusteht.[5] Er wird sie durch einen nicht genannten Helden ausführen, der das kleine Häuflein retten und Gottes Wort erhalten wird. Der gleicht dem Richter Gideon, welcher nach Richter 6–8 die Israeliten vor den Midianitern gerettet haben soll. Ob mit Gideon ganz konkret der Schwedenkönig Gustav Adolf gemeint ist, der nach der Invasion seiner Armee in die Ostseeregionen zur Festigung des Protestantismus in Deutschland beigetragen hat und deshalb verehrt wird, ist wahrscheinlich. In Str. 2 heißt es, Gott wisse schon, wer mit dem Gideon gemeint ist.

[2] Quelle (a); danach: Pfister 1833, Koch VIII, 139; KLL II, 301f; HEKG Sb, 325 u. a.

[3] Seine Autorschaft ergibt sich u. a. aus stilistischen Vergleichen mit anderen Leichenpredigten, die nachweislich von Fabricius stammen (Kitzig 1935, 70ff).

[4] Siehe Quelle (a).

[5] Röm 12,19: *Rächet euch selber nicht* [...] *Die Rache ist mein, ich will vergelten.*

In Str. 3 werden die Feinde als *Teufel, Welt und Höllenpfort* bezeichnet. Sie müssen aber letztlich erfolglos bleiben, auch wenn sie Angst verbreiten. *Der Höllen Pfort* kommt in Cyriakus Spangenbergs Osterlied *Wir wollen alle fröhlich sein* (EG 100,3) vor. Der Ausdruck stammt aus Matthäus 16,18 und meint die Gefährdung der Gemeinde durch eine widergöttliche Macht. Als solche haben die Protestanten auch die kaiserliche Armee unter Wallenstein und die „gifftigen Jesuwiderischen[6] Lästermäuler“ empfunden, die sich über Gustav Adolfs Tod gefreut haben. So formuliert es der Titel einer Gedenkschrift für Gustav Adolf aus dem Jahr 1633.[7]

„Gott mit uns“ verkünden von jeher die eigenen Heere vor der Schlacht ebenso wie ihre Gegner, und beide sind voller Siegesgewissheit. Sie reklamieren den Beistand Gottes jeweils für sich, weil sie selbst immer für das Gute zu kämpfen glauben und die Feinde für das Böse. Diese Denkweise finden wir schon in der Bibel. Auch Judith hat „Gott mit uns“ gerufen, als sie den assyrischen Hauptmann Holofernes nach frommem Gebet eigenhändig geköpft hatte (Jdt 13,9–12). Ähnliches wird in Richter 4,21–23 von Jaël erzählt.[8]

Die Inanspruchnahme des göttlichen Beistands durch verfeindete Kriegsparteien war auch 1632 eine Selbstverständlichkeit. Gustav Adolf hatte das „Gott mit uns“ zu seinem Schlachtruf gemacht. Die preußischen Könige und deutschen Kaiser haben es zu ihrem Wahlspruch erhoben, um das Gottesgnadentum des Herrscherhauses zu begründen. Schließlich musste das Motto sogar die deutschen Uniformen zweier Weltkriege auf den Koppelschlössern zieren. Dieses kriegerische Gottesbild ging auch in die Gesangbücher ein. Im „Niederländischen Dankgebet“ wird Gott vollends zum „Lenker der Schlachten“ erklärt.[9]

Aber als Motivation für kämpfende Gegner ist der Schlachtruf „Gott mit uns“ fragwürdig geworden, und als Kriegslied hat *Verzage nicht, du Häuflein klein* seine Bedeutung verloren. Die Botschaft vom Beistand Gottes in der Not gehört dagegen zum Grundbestand christlichen Glaubens. *Immanuel* (hebr. „mit uns ist/sei Gott“) ist die zum Namen gewordene Botschaft, dass Gott bei den Seinen bleiben will. Wenn eine kleine betende Gemeinde sich in Bedrängnis sieht und sich ängstlich hinter verschlossene Türen zurückzieht (Joh 20,19),

[6] Zeitgenössische konfessionelle Polemik, bezogen auf die „Jesuiter“ (Jesuiten).

[7] „*J. V. M.* [iusti viri monumentum, Denkmal für einen rechtschaffenen Mann] | *Blutige Siegs-Crone/ Das ist: | Kurtzer Historischer Discurß | vnd Bericht/| Wiewol ehermals glück- | selige tapffere Kriegshelden in jhren siegrei- | chen Anschlägen vnd expeditionen plötzliches vnd | vnnatürliches Todes verfahren/vnd dannoch an jhren Ehren/| Namen/Verdienst/Tugend vnd Thaten schimpff- vnd | schadloß geblieben. | Den gifftigen Jesuwiderischen Lästermäu- | lern vber dem frühzeitigen/doch seligen vnd glor- | würdigsten Todesfall. GUSTAVI ADOLPHI, Königs in Schweden/etc. | Zu reiffern Nachdencken auffgesetzt | Von | M. ARNOLDO MENGERINGEN,| Churf. Sächs. HoffPredigern zu Dreßden.* [...] *Leipzig/| In Verlegung Andreae Oehlen Buchh. | Druckts Gregorius Ritzsch/| Jm Jahr 1633.*“

[8] Die Ermordung Siseras durch Jaël kommt auch als Str. 9 von *Verzage nicht, du Häuflein klein* im „Lutherisch Handbüchlein“ 1648 vor, wo man lesen kann: „Die Stern in ihren Lüfften frey | Den Israeliten stehen bey | Des Sisserae Macht schrecken, | Die eissern Wagen helffen nicht, | Ein Weib ihm seinen Kopff durchsticht: | So kan Gott Hülff erwecken“ (FT II, S. 61).

[9] *Wir treten zum Beten vor Gott, den Gerechten* (Schlesisches Provinzialgesangbuch 1910, Nr. 598), Str. 3: *Wir loben dich oben, du Lenker der Schlachten.*

dann wartet sie auf die Frieden stiftende Gegenwart Gottes. Dann verstummt jeder Triumph, und es erklingen stillere Töne.[10] Der Trost der helfenden Gegenwart Gottes darf in das persönliche Leben des Einzelnen einziehen.

Die Str. 3 endet im Erstdruck mit *Amen* und zeigt damit an, dass sie ursprünglich als Schlussstrophe gemeint ist. Vier Jahre später werden dem Lied zwei weitere Strophen angefügt.[11] In das EKG von 1950 (Nr. 211) waren sie noch nicht aufgenommen worden. Sie sprechen eine gänzlich andere Sprache. Mit ihnen geht das Lied in ein Gebet über, das von der eigenen Sünde und Missetat spricht, von rechter Buße und dem Glauben an Christus, von gottseligem Leben, vom guten Geist Gottes und der ebenen Bahn zum Himmel. Alle kriegerischen Bezüge und alle Feinde sind verschwunden. Seelsorgerliche Gedanken stehen im Vordergrund. Es geht allein um die Sündenvergebung durch Christus und was sie für den Glauben und für das Leben bedeutet. Das *Amen* wandert nach dieser Erweiterung an den Schluss des Liedes und beendet die Str. 5. Wer die beiden Zusatzstrophen gedichtet hat, ist nicht bekannt.

Verzage nicht, du Häuflein klein war so beliebt, dass man später noch allerlei weitere Strophen hinzufügte. Bereits im 17. Jh. stieg ihre Zahl bis auf 25 an.[12]

Das Lied hat bei Joseph Clauder (Quelle b) eine eigene Melodie bekommen (Z II, 2516), aber zugleich wird schon bei ihm auf die alternative Melodie *Kommt her zu mir, spricht Gottes Sohn* (EG 363) hingewiesen. Die eigene Melodie stammt wahrscheinlich von Michael Altenburg. Im Gesangbuch von Jeremias Weber aus dem Jahr 1638[13] heißt die Überschrift zu dem Lied „Hertzfrewdiges Trost-Liedlein, Auff das von der Evangelischen Armee, in der Schlacht vor Leipzig, am 7. Septembris 1631 geführte Kriegslosungs-Wort: Gott mit vns: Gestellet von M. Johanne [sic!] Altenburg, Pfarr. zu grossen Sömmern in Düringen." Das merkwürdige Wort „gestellet" kommt in Webers Gesangbuch mehrfach vor und meint irrtümlich immer nur die Textdichtung.[14] Auch in der späteren Literatur hat man Michael Altenburg des öfteren fälschlich auch zum Textdichter seiner eigenen Melodien gemacht.[15] Stilkritische Untersuchungen haben aber ergeben, dass die Melodie auffällige Ähnlichkeit mit anderen, nachweislich von Altenburg stammenden Melodien hat. Altenburgs Originalmelodie ist im Faksimile wiedergegeben bei Kitzig 1935, 103. Wir finden sie nur selten in neueren Gesang-

[10] Vgl. J. S. Bach, Kantate BWV 42, Duett Tenor/Sopran *Verzage nicht, o Häuflein klein* mit bescheidener und sparsamer Continuo-Begleitung.

[11] Quelle (b).

[12] „Vermehrtes Gesang-Büchlein", Halberstadt 1673, FT VI,813.

[13] New-Zugerichtetes GesangBüchlein/ In welches des Hocherleuchten Mannes Gottes/ Herrn D. MARTINI LUTHERI, vnd denn anderer Lehrer vnd Christen/ (deren Namen möglicher nachricht nach dabey gesetzt) Lieder/ Nach Ordnung der Jahrszeit/ vnd der Häuptstücke Christlicher Lehre/ Auffs newe zusammengetragen/ vnd in Druck verfertiget. Sampt vorgesetzten unterschiedenen Vorreden/ vnd angehengten nützlichen Registern. Cum Privilegio. Leipzig/ In verlegung Gottfried Grossen. sel. Erben/1638. (Faks bei Kitzig 1935, 106f).

[14] Kitzig 1935, 10f.

[15] Kitzig 1935, 36–37.

büchern.[16] Gelegentlich wird das Lied auch auf die Melodie *Heut singt die liebe Christenheit* gesungen.[17]

WOLFGANG HERBST

[16] Z. B. im *Lutherischen Kirchengesangbuch* der SELK von 1956 (Nr. 56).
[17] Z. B. Württemberg 1912, Nr. 245; Baden 1948, Nr. 164.

272 Ich lobe meinen Gott von ganzem Herzen

EG 272 GL2 400(ö) RG 8 CG 771 EM 23

Text

Verfasser Gitta Leuschner **Entstehung** 1978 Übertragung der Vorlage ins Deutsche **Vorlage** *Je louerai l'Éternel* (Alain Bergèse 1975) nach Psalm 9,2–3, Erstdruck in: *Jeunesse en Mission* 1976 **Quelle** *DAS GUTE LAND. Ein Liederbuch von Jugend mit einer Mission* (hg. von M. Warrington, K. Griffing), Hurlach 1980 **Strophenbau** Psalmparaphrase **Abweichungen** 1,2 *und ich will erzählen* von * GL2: nach1: 2. *Ich lobe Jesus Christ in meinem Leben* * RG, CG, EM: 1,2 *und ich will erzählen* von **Verbindung TM** wie EG

Melodie

Incipit 3__2345 1__.1_ 6__5_4_ 3_3__ **Verfasser** Claude Fraysse **Entstehung** 1975 **Quelle** s. Text/Vorlage **Ambitus** G: 7; Z: 67666 **Abweichungen** Halbton höher (Es Dur); mit 4st. Satz (Alain Bergèse); ohne Z. 5 (= Wdh. von Z. 4); Schlusswendung in Z. 4 nicht punktiert, sondern zwei Viertel * GL2 Halbton tiefer (D-Dur) * RG, CG, EM: mit 4st. Satz (A. Bergèse 1976), Ton höher (F-Dur), ohne Z. 5 **Verbindung MT** *Ti loderò, Signor, con tutto il mio cuor* (RG, CG); *Eu vögl lodar a Dieu da tuot meis cour* (RG)

Literatur

HEG II, 98f.196f mit Ergänzungen in JLH 38 (1999) 259 ** ThustB, 251 ** HERMANN, Martin: Ich lobe meinen Gott, WüBll 57 (**1990**) 177f * FISCHER, Ulrich: Ich lobe meinen Gott, in: Möller **1997**, 158–162 * EGERER **2000** * WKERNLIEDER **2011**, 85–89 * BALTRUWEIT, Fritz: Ich lobe meinen Gott von ganzem Herzen – EG 272, in: Arnold/ Bresgott **2011**, 159–162 * MERING **2013**, 103–109

Ich lobe meinen Gott von ganzem Herzen ist eines der populärsten Psalmlieder der Gegenwart geworden. Dabei spielt die prägnante und fröhliche Melodie eine wichtige Rolle. Das Lied kommt aus der Kinder- und Jugendarbeit der reformierten Kirche Frankreichs (ERF) in den Zentralalpen. Der Musiker und Pfarrer Claude Fraysse (1941–2012) erzählte, er habe die Melodie Anfang August 1975 nach der Rückkehr von einer eindrücklichen Gebirgstour in den französischen Alpen zwischen Nizza und Grenoble für eine Morgenandacht am Klavier komponiert, auf dem die bei Psalm 9 aufgeschlagene Bibel lag.[1] Alain Bergèse (*1946) hat dazu die Psalm-Worte der französischen Segond-Bibel[2] zu einer Liedstrophe angeordnet. Fraysse und Bergèse haben ihr Lied *Je louerai*

[1] Ernst Dietrich Egerer berichtet aus einer handschriftlichen Notiz von Alain Bergèse, vgl. Egerer 2000.

[2] Französische Übersetzung des Alten Testaments von Louis Segond (1810–1885), erschienen 1874 und seither mehrfach revidiert.

l'Eternel im Oktober 1975 erstmals öffentlich präsentiert mit der Gruppe „Troubadours de l'Espoir", Bergèse schrieb später auch einen 4stimmigen Satz zur Melodie.[3] Das Lied besteht ursprünglich aus einer Strophe.

Gitta Leuschner (*1935), Mitarbeiterin im charismatischen Missionswerk „Jugend mit einer Mission" (JMEM) in Hurlach,[4] 30 km südlich von Augsburg, lernte das Lied 1978 bei einem Schweizer Festival in dieser einstrophigen Form kennen[5] und übertrug es an Ort und Stelle ins Deutsche. Es zog schnell Kreise, wurde 1980 im JMEM-Liederbuch „Das gute Land" gedruckt und verbreitete sich weiter über Kassetten und verschiedene Liederbücher. Vielfach entstand das Bedürfnis, zu dieser Melodie nicht nur eine Strophe zu haben.

1980 schrieb die ebenfalls aus dem charismatischen Bereich kommende Emma Schweiker (1943–2010) zum Landesposaunentag in Ulm/Donau zwei zusätzliche deutsche Strophen,[6] die inzwischen an verschiedenen Stellen[7] ohne Autorenangabe und teils in unterschiedlichen Versionen kursieren. Diese Strophen variieren die Ursprungsstrophe ohne weiteren Bezug zum 9. Psalm.[8]

1988 fügte der elsässische Pfarrer Yves Kéler (*1939) der Ursprungsstrophe vier weitere Strophen in deutlicher Übertragung von Psalm 9,8–13 auf der Grundlage der Segond-Bibel sowie eine klassisch gehaltene trinitarische Schlussstrophe hinzu,[9] wie sie bei vielen Psalmliedern lutherischer Provenienz zu finden ist.[10] Ihm erschien die andauernde Wiederholung der einen Liedstrophe, die seit den 1980er-Jahren auch in charismatischen Kreisen verbreitet ist, als „zu viel des Guten".[11] Mit insgesamt vier Strophen steht das Lied im französischen Gesangbuch „Arc en Ciel", Nr. 151, und gibt damit dem Lobgesang ein breiteres biblisches Fundament, als es das Lied ursprünglich hatte.

Im „Gesangbuch der Evangelischen Brüdergemeine" finden sich zusätzlich zur einen Strophe Gitta Leuschners zwei weitere des baptistischen Hymnologen Günter Balders (*1942), deren eine sich auf Psalm 9,8–10 bezieht, deren andere das Lied mit einer trinitarischen Doxologie beschließt:

[3] RG 8 und EM 23.

[4] „Jugend mit einer Mission" ist der deutschsprachige Zweig der internationalen Bewegung „Youth With A Mission" (YWAM); vgl. HEG II, 196f.

[5] Mitteilung von Gitta Leuschner an den Vf. am 4.2.2009.

[6] Zu einem Bläsersatz von Kurt Enßle, Ulmer Sonderdruck 15/90, 26f.

[7] Z. B. im bayrischen EG-Ergänzungsbuch „Kommt, atmet auf". Liederheft für die Gemeinde, Nürnberg 2011, Nr. 02.

[8] Sie lauten original: (2.) *Ich preise meinen Gott, aus dankbarem Herzen,/ und ich will lobsingen, wenn dunkel die Tage / und meinem Herrn vertrauen./ Ich preise meinen Gott, aus dankbarem Herzen.* :| *Ich freue mich und bin fröhlich, Herr, in dir, Halleluja!* :| (3.) *Ich singe meinem Gott aus fröhlichem Herzen / und ich will ihn lieben und ihn nur anbeten / mit meinem ganzen Leben./ Ich singe meinem Gott aus fröhlichem Herzen.* |: *Ich freue mich und bin fröhlich, Herr, in dir, Halleluja!* :|

[9] Zu finden auf der Seite www.chants-protestants.com.

[10] Vgl. EG 273,6; 275,7; 288,7; 289,5 u. ö.

[11] Mitteilung von Yves Kéler an den Vf. vom 16.5.2013.

2. *Gott, du allein bist Herr, du Richter der Völker,*
und deinem Urteil muss jeder sich beugen, weil du gerecht entscheidest.
Gott, du allein bist Herr, du Richter der Völker.
|: *Befreit durch dich berge ich mich, Herr, bei dir. Halleluja!* :|

3. *Lobt mit mir unsern Gott, den ewigen König,*
den Vater, den Sohn und den Heiligen Geist, und bringt Ehre seinem Namen.
Lobt mit mir unsern Gott, den ewigen König.
|: *Wir freuen uns und sind fröhlich, Herr, in dir. Halleluja!* :|[12]

In der französischsprachigen und der Herrnhuter Rezeption des Liedes wird also der ursprüngliche biblische Kontext des 9. Psalms besser erkennbar, in dem ein Einzelner im Jerusalemer Tempel Gott für die Erfahrung der Rettung in einer schwer bedrohlichen Situation dankt (V. 2–5), ihn als den Retter der Armen und Unterdrückten preist (V. 10.19), als Richter der Völker (V. 6–9), auch dafür, was in aller Regel schamhaft verschwiegen wird, dass die Feinde „gestürzt und umgekommen" sind (V. 4), dafür sogar, dass er die Gottlosen umbringt (V. 6) und jedes Gedenken an sie auslöscht (V. 7).[13] Er fordert Zuhörende dazu auf, Gott zu loben, der die Elenden nicht vergisst (V. 12f), beschreibt in Gottes Gegenwart die Selbstverstrickungen gottloser Völker und verwünscht sie (V. 14–21).

In V. 2–3 des Psalms, die die ursprüngliche Liedstrophe bilden, werden in den fünf Verben „die charakteristischen Ausdrucksformen der Einführung in das Danklied eines Einzelnen"[14] genannt: danken, erzählen, sich freuen, fröhlich sein, loben. Die Situation, aus der der Psalm kommt und die im Psalm „erzählt" wird, wird im Lied nicht „erzählt", wiewohl es heißt: *erzahlen will ich.* Es liegt in der Konsequenz des lutherischen Psalmliedkonzepts, einen Psalm auf seinen theologischen Kern hin zu übertragen, in diesem Fall das pure Lob Gottes. Ob es allerdings angeht, den Kontext und den Grund des Lobes, wie ihn der 9. Psalm nennt, komplett zu verschweigen, mag zumindest gefragt werden.

Ich danke dem Herrn aus Psalm 9,2 wird zu Beginn des Liedes mit *Ich lobe* ... aus Psalm 9,3 wiedergegeben, *von ganzem Herzen* ist direkt dem Psalm entnommen, das Hilfsverb „wollen" bei *erzählen will ich* – kommt aus der französischen Vorlage – *louerai*, Psalm 9,2: *Ich* [...] *erzähle alle deine Wunder.* Im Psalm springt überdies die Sprechrichtung in V. 2 von der 3. in die 2. Person Singular: „und erzähle alle *deine* Wunder", während im Lied die Sprechrichtung des Eingangs beibehalten wird: „von all *seinen* Wundern". Diese Sprechrichtung wird im Lied fortgeführt: „und singen *seinem* Namen", während Psalm 9,3b formuliert: „und lobe *deinen* Namen". Die Prädikation *du Allerhöchster* entfällt

[12] Gesangbuch der Evangelischen Brüdergemeine, hg. von der Evangelischen Brüderunität/ Herrnhuter Brüdergemeine Bad Boll – Herrnhut – Zeist, Basel 2007, Nr. 42.

[13] Vgl. zur Thematik der Feindpsalmen z. B.: Erich Zenger, Ein Gott der Rache? Feindpsalmen verstehen, Freiburg 1998.

[14] Hans-Joachim Kraus, Psalmen. 1. Teilband Psalmen 1–59. Biblischer Kommentar Altes Testament, Band XV/1, Neukirchen-Vluyn [6]1989, 221.

im Lied. Die direkte Gottesanrede in Psalm 9,3a *Ich freue mich und bin fröhlich in dir* wird dann allerdings im Lied berücksichtigt, erweitert durch einen zusätzlichen Vokativ *Herr* und einen Halleluja-Ruf, der an dieser Stelle nicht im Psalm steht.

Das EG übernimmt die ursprünglich einstrophige Fassung, die wie etliche andere neuere Psalmlieder[15] ein Motiv aus der biblischen Vorlage aufnimmt, ohne den ganzen Psalm zu berücksichtigen. Gitta Leuschner hat sich bei ihrer Übertragung deutlich an Luthers Übersetzung des 9. Psalms angelehnt, die sechszeilige Strophenform des Originals ist beibehalten, in der Vers 1 und 4 identisch sind, die Verse 5 und 6 werden allerdings wiederholt, sodass bereits in der deutschen Erstveröffentlichung und anders als in der französischen Vorlage eine achtzeilige Form entsteht.

Die ursprüngliche, einstrophige Fassung des Liedes, die den bedrängenden Kontext verschweigt, aus dem der Psalm ursprünglich kommt,[16] hat die rasche Verbreitung in evangelikal und charismatisch geprägten Kreisen, aber auch in den etablierten Kirchen gewiss befördert. Hartmut Handt gibt zu bedenken, dass solch kontextlose, u. U. mit großer Public-Relations-Arbeit begleitete, scheinbar immer und überall passende Musik-Mission auch Instrument eines kulturellen Kolonialismus sein kann.[17] Wofür Gott gedankt wird und was der präzise Grund des Lobpreises ist, muss deshalb ein liturgischer Kontext oder ein Anlass außerhalb des Liedes ergeben.[18] Hier liegen aber nun auch Chancen des Liedes, das z. B. als Wiederholgesang in einem größeren liturgischen Zusammenhang seine Wirkung entfalten kann.

Es existieren Übersetzungen in verschiedene Sprachen.[19] Die Zweisprachigkeit im Evangelischen Gesangbuch ermöglicht mehrsprachiges Singen, nacheinander oder simultan in erlebbarer und die Sprachgrenzen überwindender Einheit (vgl. Apg 2,6–8).

Die Melodie steht in „Das gute Land“ in D-Dur, im Evangelischen Gesangbuch in Es-Dur, in „Arc en Ciel“ in F-Dur. Sie beginnt auf der 3. Stufe mit gedehnter Anfangsnote, um in einer Achtelbewegung sofort Schwung aufzunehmen, der den nachfolgenden Sextsprung mit Leichtigkeit zu nehmen hilft. Allerdings empfiehlt sich wegen dieser Achtelbewegung ein eher gemächliches Singtempo. Der Schwung reicht für einen zweiten Sextsprung gut aus, die Worte steigen anschließend in diatonischer Tonfolge abwärts, ein Quartsprung eröffnet nochmals einen neuen Tonraum, in dem die Melodie bis unter den Grundton geführt wird. Dieser dreigliedrige Melodieteil mit zwei Langzeilen und einer Kurzzeile,

[15] Vgl. *Singet dem Herrn ein neues Lied* (EG 287).

[16] Anders natürlich das Genfer Psalmlied *Von ganzem Herzen dank ich dir* in der Fassung von Matthias Jorissen.

[17] Mitteilung Hartmut Handts in: Mering 2013, 108.

[18] WKernlieder, 86.

[19] Im RG der Schweiz (Nr. 8) steht die einstrophige Version in deutsch, französisch, italienisch und in Vallader, einem unterengadinischen Dialekt.

unterlegt mit elf, elf und sieben Silben, wird wiederholt, der 4. Vers nimmt den Anfang exakt auf und bildet am Ende mit *Halleluja* eine punktierte Schlussfloskel, die in „Arc en Ciel“ an dieser Stelle unpunktiert ist.

BERNHARD LEUBE

341 Nun freut euch, lieben Christen g'mein

EG 341 RG 273(493; 552) (CG 575) EM 291

Text

Verfasser Martin Luther **Entstehung** 1523 **Quellen** (a) *Etlich Cristlich lider/ Lobgesang/ vnd Psalm* … Augsburg 1524 (DKL 1524[07]) – diesem „Achtliederbuch" geht wahrscheinlich ein Einblattdruck voraus (vgl. WA.A 4,56) * (b) *Eyn Enchiridion oder Handbüchlein* und *Enchiridion Oder eyn Handbuchlein* (Erfurter Enchiridien zum Färbefaß und Schwarzen Horn), Erfurt 1524 (DKL 1524[03] und 1524[05]) – das bisher nur in einem nicht ganz zuverlässigen Faksimile erhaltene Enchiridion zum Schwarzen Horn (s. u.) ist in Irland wieder aufgetaucht, s. Helmut Lauterwasser, Frankfurter Allgmeine Zeitung vom 19.6.2013 * (c) *Geystliche gesangk Buchleyn* (J. Walter), Wittenberg 1524 (DKL 1524[18]) **Überschrift** (a) *Ein Christenlichs lied Doctoris Martini Luthers/ die vnaussprechliche gnaden Gottes vnd des rechten Glaubens begreyffendt* * (b) Färbefass: *Folget eyn hubsch Euangelisch gesang yn melodey Frewt euch yhr frawen vnd yhr man/ das Christ ist aufferstanden/ so man auffs Osterfest zu syngen pflegt/ die noten aber darzu synd uber das Lied/ Es yst das heyl vns komen/ angezeigt* * Schwarzes Horn: *Folget eyn hubsch Euangelisch lied/ welchs man singt vor der Predig* **Ausgaben** W III,2; WA 35,422–425 (Nr. 5); WA.A 4,154–159 (Nr. 2); HahnL 17–20 (Nr. 10) * Faksimiles: Quelle (a): Beilage zum JLH 2 (1956; Hg. Konrad Ameln) * Quelle (b, Färbefaß): Kassel 1983 (Hg. Konrad Ameln); Quelle (b, zum Schwarzen Horn): Erfurt 1848 (Hg. Karl Reinthaler); Quelle (c): Kassel 1979 (Hg. Walter Blankenburg) **Strophenbau** A8/4a A7/3b- A8/4a A7/3b-, A8/4c A8/4c A7/3x- Frank 7.7 ‚Lutherstrophe' **Abweichungen** (b): 5,4 *der*; (a.b) 8,6 *sünden*; (a.b.c) 9,6 *lernen* * RG: 1,6 *süßen Wunder*; 2,6 *nichts gut*; 3,2 *mit ihnen war's*; 10,3 *dass Gottes Reich werd* * EM: 2,6 *nichts Gutes war*; 3,2 *es war damit*; 3,4 *zum Guten ganz*; 4,2 *ohne Maßen*; 4,7 *sein Bestes ließ er's*; 5,2 *'s ist Zeit nun zu*; ohne Strophe 10 **Verbindung TM** EG wie (a) * (b): Z III,4430; DKL III/1.2 Ea2 (*Es ist das Heil uns kommen her*; EG 342) * (c) Z III,4428; DKL III/1.2 Ec6 (Johann Walter) * weitere: Z III,4429a; DKL III/1.2 Ee7 (in: Gesangbuch Joseph Klug DKL 1533[02]; heute zu *Es ist gewisslich an der Zeit* EG 149)

Melodie

Incipit 11_-5_1_4_3_2_1_ **Verfasser** vermutlich Martin Luther **Entstehung** s. o. **Vorlagen** *So weiß ich eins, das mich erfreut* (und andere verwandte Melodien) **Quelle** s. o. Quelle (a) **Ausgaben** Z III,4427; WA.A 4, 154 (Nr. 2A); DKL III/1.1 B15 **Ambitus** G: 9; Z: 7b6b(7b6b)566 **Abweichungen** Septime tiefer; vor Z. 1: Viertel- und Achtelpause; Z. 5: ohne Erhöhungszeichen; Z. 6, N. 1: kleine Terz höher; Schlussnote: Ganze * RG, CG; EM: vor Z. 1: Achtelpause * EM: mit 4st. Satz (M. Praetorius 1609) **Verbindung MT** wie EG * Die Melodie wurde im 16. Jh. zahlreichen Texten beigegeben (ca. 93 Verbindungen s. DKL III/1.1 Textbd. 185 und Registerbd. 54f und DKL III/2 Textbd. 250) * *An Christi Himmelfahrt schau an* (RG 493); *Wir treten in das neue Jahr* (RG 552; CG 575); *Der Herr ist mein getreuer Hirt'* (EKG u. a.)

Literatur

HEKG (Nr. 239) I/2, 369–373; III/2, 168–171; Sb, 368–371; HEG II, 204–208 ** ThustB, 298–301 ** WA (1883ff) 35, 133–135.422–425.493–495. 615; Bruppacher (1953) 269f; WA.A 4 (1985) 57f.154–159; RößlerL (²2001) 40–42 ** ALPERS, Paul: „Nun freut euch, lieben Christen gmein" im Liederbuch der Anna von Köln, JLH 5 (**1960**) 132f * MOSER, Hans Joachim: Nun freut euch, lieben Christen gmein. Die wahrscheinliche Vorgeschichte des Lutherliedes, in: Gestalt und Glaube. Festschrift für Oskar Söhngen, Witten **1960**, 137–144 * JENNYG **1962**, 241–243 (Nr. 167) * WOLFF, Ludwig: Zu Luthers Lied „Nun freut euch, lieben Christen gmein", JLH 7 (**1962**) 99–102 * BLANKENBURG, Walter: Johann Walters Chorgesangbuch von 1524 in hymnologischer Sicht, JLH 18 (**1973/1974**) 65–96 (bes. 81–84.96) * JUNG, Alfred: „Nun freut euch, lieben Christen gmein." Eine theologische Untersuchung des Lutherliedes, JLH 19 (**1975**) 200–209 * HAHNEV **1981**, bes. 104–133 * HAHN, Gerhard: Zur Dimension des Neuen an Luthers Kirchenliedern, JLH 26 (**1982**) 96–103 * SAUER-GEPPERT **1984**, 55.131.183 * ASPER, Ulrich: Aspekte zum Werden der deutschen Liedsätze in Johann Walters „Geistlichem Gesangbüchlein" (1524–1551), Baden-Baden **1985**, 114–116. 128f * BRECHT, Martin: Erfahrung – Exegese – Dogmatik. Luthers Lied „Nun freut euch, lieben Christen gmein", Neue Zeitschrift für systematische Theologie und Religionsphilosophie 32 (**1990**) 94–104 * RÖSSLER, Martin: Festgedanken, Tübingen **1990**, 123–138 * MARTI, Andreas: Die Melodien von „Nun freut euch, lieben Christen gmein", MGD 47 (**1993**) 174–177 * MEDING, Wichmann von: Gewendetes Gleichnis. Luthers Lied „Nun freut euch, lieben Christen, gmein", MGD 47 (**1993**) 166–173 * DERS.: Luthers Reformationslied. Versuch einer ganzheitlichen Auslegung als ‚Modell des Heilsempfangs', Literatur in Wissenschaft und Unterricht 26 (**1993**) 255–271 * BAYER, Oswald: Das Sein Jesu Christi im Glauben, ThLZ 118/3 (**1993**) 275–284 (englisch in Lutheran Quarterly 10 (**1996**) 135–150) * MAHRENHOLZ, Jürgen Chr.: Luthers Lieder. Reformatorische Botschaft und künstlerische Gestaltung, Luther 68 (**1997**) 67–82 (bes. 78–82) * LEAVER, Robin A: Luther's catechism hymns 8. Confessional substance, Lutheran quarterly 12 (**1998**) 313–323 * MEDING **1998**, bes. 56–59.307–309.429–431 * WISSEMANN-GARBE, Daniela: Neue Weisen zu alten Liedern. Die Ersatzmelodien im Klugschen Gesangbuch von 1533, JLH 37 (**1998**) 118–138 (bes. 125–127) * MARTI, Andreas: Weg und Raum als Metaphern von Liturgie und Gemeindegesang, JLH 39 (**2000**) 179–190, bes. 184 * REICH, Christa: Nun freut euch, lieben Christen g'mein, in: Wunderhorn **2001**, 111–123 * FRIEDRICH, Anselm: Nun freut euch, lieben Christen g'mein in: Richard Hartmann (Hg.), Wer singt, betet doppelt. Liedpredigten zum „Geistlichen Wunderhorn", Münster **2003**, 40–45 * HELMER, Christine: Trinitarische Ekstase – Göttliche Liebe: Reflexionen zu Luthers Lied „Nun freut euch, lieben Christen gmein", Theologische Quartalsschrift 183 (**2003**) 16–38 * ZERFASS, Alexander: Heilsgeschichte als Kommunikation. Nun freut euch, lieben Christen gmein, MS 132 (**2012**) 384f

Am 1. Juli 1523 werden zwei lutherisch gesinnte Antwerpener Augustinermönche auf dem Marktplatz von Brüssel öffentlich verbrannt. In den heftigen Streit um dieses Ereignis hat Luther auch mit einem Lied eingegriffen: *Ein neues Lied wir heben an.*[1] Er verfasst ein Neues Lied, eine liedhafte Neuzeitung oder neue

[1] Ausgaben: WA 35, 411–415.487f. (Nr. 1); WA.A 4, 217–222 (Nr. 18); HahnL, 8–12 (Nr. 6).

Mär, ein Zeitlied, Zeitungslied, Ereignislied, Historisches Volkslied, Volksballade, wie dieser unscharfe Typus „gereimter Publizistik" benannt wurde und wird.[2] Vorgesungen und nachgesungen, oft nach bekannten Melodien, in Flugblättern angeboten, erreichen solche Lieder Lesekundige und -unkundige und prägen sich durch Vers, Weise und griffige Formulierungen ein. Ihre Themen, auf Sensationelles ausgerichtet, sind Katastrophen, Schlachten, Friedensschlüsse, Kriminalfälle, Wunder und Wundersames aller Art. Die Berichte wollen nicht objektiv sein; der Blick ist parteilich; es wird angeklagt und verteidigt, belobigt und beschimpft, gemahnt und ermuntert. Das kennt Luther und nutzt es in seinem ersten Lied meisterhaft. Das standhafte Bekenntnis der Augustinermönche bezeugt Gottes *wunder macht.* Ihr Verhalten wird gegen Verdächtigungen verteidigt. Gott und ihnen gilt sein Lob, dem *allten feynd* und seinen Handlangern Spott und schärfster Tadel. Der hoffende Ausblick im berühmten jahreszeitlichen Schlussbild: *Der Sommer ist hart* (nahe) *fur der thur/ der wynter ist vergangen/ Die zarten blumen gehn erfur* (hervor)/ *der das hat angefangen/ Der wird es wol vollenden.*

Daran anschließend mag noch im selben Jahr der Gedanke und Plan zu *Nun freut euch, lieben Christen g'mein* entstanden sein, nämlich: das sensationellste Ereignis der Heils- und Weltgeschichte – Gott schickt seinen eigenen Sohn als unseren Retter auf diese Erde – als liedhafte Neuzeitung, mit Personen, Reden, Handlungen, Stellungnahme, auszurufen. Dabei ist wichtig: Die Begriffe zeitgenössischer Publizistik dienen Luther zugleich zur Erklärung dessen, was im Neuen Testament „Evangelium" heißt. „Denn Euangelion ist eyn kriechisch wortt, vnd heyst auff deutsch, gute botschafft, gute meher (Mär), gutte newzeytung, gutt geschrey, dauon man singet, saget vnd frolich ist", heißt es in der Vorrede zum Septembertestament von 1522.[3] Eingewirkt hat sicher auch der biblische Begriff eines „neuen Liedes" (Ps 96,1 u. ö.), das auf Gottes *Heil* als auf ein *Wunder* antwortet. Luther wird den Psalmeingang später, 1544, seiner letzten, vermächtnishaften Gesangbuchvorrede zugrundelegen: „Singet dem HERRN ein newes lied [...] Denn Gott hat vnser hertz vnd mut frölich gemacht durch seinen lieben Son, welchen er für vns gegeben hat zur erlösung von sunden, Tod vnd Teuffel. Wer solchs mit ernst gleubet, der kans nicht lassen, er mus frölich vnd mit lust dauon singen und sagen, das es andere auch hören vnd herzu komen."[4] – Unser Lied ist nicht nur das „Reformationslied", sondern auch das „Evangeliumslied" Lu-

– Zum Ereignis und Luthers Stellungnahme, u. a. mit einem Trostbrief an die Christen in den Niederlanden, vgl. WA 35, 91–97; HahnEv, 106–109.

[2] Günter Kieslich, Das ‚Historische Volkslied' als publizistische Erscheinung, Münster 1958; Jan M. Rahmelow, Die publizistische Natur und der historiographische Wert deutscher Volkslieder um 1530, Hamburg 1966.

[3] WA.DB 6, 2.4.

[4] WA 35, 476f; HahnL, 58f – Das mittelalterliche Osterprozessionslied *Freu dich, werte Christenheit, daß Christ ist auferstanden*, zitiert auch als *Nun freut euch, Frauen unde Mann*, hat allenfalls auf die Eingangszeilen eingewirkt. Vgl. WA.A 4, 57; Jung, 203; s. u. Melodie. – Das ähnliche Lied im „Liederbuch der Anna von Köln" ist das zersungene Lutherlied. Vgl. WA.A 4, 58; Alpers.

thers, und zwar nicht nur nach seinem Inhalt, sondern auch in seiner Darbietungsform.[5]

Entsprechend bereits die 1. Strophe. Das Thema, das die Eingangsstrophe anzukündigen hat, ist als Geschehen formuliert: *was Gott an uns gewendet hat.* Und das ist einzustufen als *Wundertat*! Als *süße*, das heißt liebevolle *Wundertat.* Mit *gar teu'r* (1. Petr 1,18f) ist der hohe Einsatz dieses Handelns im Voraus gekennzeichnet. Für uns *nun*, für unsere Einstellung zum Geschehen bedeutet es: *Nun freut euch*! Wir empfangen die Botschaft und tragen sie weiter mit *springen* (tanzen) und *singen*, *fröhlich*, *mit Lust und Liebe.* Das gilt für alle *Christen g'mein*, *all in ein.* Damit wird bereits das Ich der folgenden Strophen als exemplarisches, repräsentatives Ich aller zum Glauben Kommenden bestimmt und behält doch die Dringlichkeit der Ich-Form. Luthers Erfurter und Wittenberger Glaubenserfahrungen gehen in ein Modell des Heilsempfangs ein: „wie der sunder zur gnade kompt", wird das Lied 1533 und 1535 in Wittenberg überschrieben.[6]

Die Strophen 2 und 3 schildern die Lage dieses Ich vor Gottes Eingreifen. Bereits hier lassen sich wesentliche Merkmale der Darstellung ablesen, die auch für Luthers weiteres Liedschaffen charakteristisch sind. Die Situation wird mit theologischer Systematik ausgemessen und so einem Glauben vorgelegt, der verstehen und verstehend zustimmen soll. Sie wird zugleich mit den rhetorischen Mitteln der Zeit ausgestaltet, die auf das innerliche Bewegtsein des Menschen gerichtet sind (ars movendi), besonders durch eine Bildsprache, die Sachverhalte anschaulich bis drastisch vor Augen stellt und entsprechende Affekte auslöst. Zusammengenommen: „... dass man die wort recht faß und den affect und fuls [= fühle es] ym hertzen."[7] Luthers Nutzung der Strophenform ist bei Str. 3 ausgeführt.

Strophe 2 zeigt das Ich hilf- und hoffnungslos ausgeliefert an die Trias der Unheilsmächte *Teufel*, *Tod*, *Sünde*, die Luther immer wieder in ihrem Bedingungszusammenhang beschworen hat. „Ich gläube, daß Jesus Christus [...] mich verlornen und verdampten Menschen erlöset hat [...] von allen Sunden, vom Tode und der Gewalt des Teufels", lehrt der Kleine Katechismus.[8] Die *Sünde*, Grund und Auslöser allen Unheils, wird noch genauer bestimmt als Erbsünde (*darin geboren*) und fortschreitende persönliche Versündigung (*immer tiefer*). Am Strophenende muss resümiert werden: *kein Guts am Leben mein*, *besessen*, das heißt unausweichlich in der Besatzungsgewalt der *Sünde.* Die theologischen Begriffe (*Teufel, Tod, Sünde*) eröffnen die Sätze und Verse und geben dem Verständnis hilfreich eine gedankliche Gliederung vor. Die affizie-

[5] Dem Artikel liegt die ausführliche Darstellung in HahnEv, 104–133 zugrunde. Die zentrale Rolle, die darin dem Wortgeschehen, dem *sagen*, zugesprochen wird, ist bei Reich umfassend als Singgeschehen, als *singen*, entfaltet. Stärker am theologischen Hintergrund orientiert sind die Gesamtdeutungen von Jung, Brecht (biblische Bezüge), von Meding (Lk 15 „ent-parabolsiert"), Bayer (philosophischer Horizont).

[6] WA 35, 423; WA.A 4, 158; HahnL, 17. Da weitere Überschriften. „Achtliederbuch" s. o.

[7] WA 12, 439. 444.

[8] Zitiert nach BSLK [10]1986, 511.

renden Bilder (*gefangen lag, verloren, quälte, tiefer drein*) sind den Verben anvertraut und meist wirkungsvoll in den Versausgang (Kadenz) gerückt. Sie unterlegen emotional die ausweglose Verlorenheit des Ich gegenüber den personifizierten Unheilsmächten.

Strophe 3: Nicht genug damit. Luther widmet eine ganze weitere Strophe den Möglichkeiten des Menschen, an seinem Heil mitzuwirken, wie sie zu seiner Zeit diskutiert wurden, mit den Theologen Roms, mit den Humanisten. Er erteilt ihnen eine Absage. Erstens, 1. Stollen, den *guten Werken*: Sie sind *verdorben* wie der Mensch selbst; der schlechte Baum trägt keine guten Früchte (Mt 7,17f). Zweitens, 2. Stollen, Absage auch an den angeblich *freien Willen*: Er ist *erstorben*, tot, ohne Entscheidungsfreiheit für das *Gute*. Luther 1545 zurückblickend: „ich [...] liebte nicht, nein haßte den gerechten und die Sünde strafenden Gott.“[9] Wieder lösen Verben in Kadenzstellung bildliche Vorstellungen und Affekte aus (*verdorben, erstorben, trieb, sinken*). Nun kann endgültig, im Abgesang der Strophe, resümiert werden, was bleibt: verzweifelnde *Angst*, unausweichlicher Tod (*sterben*), im Schlussvers: verschlingende *Hölle*. Dass Luther für sein ganzes Lied der ganze Römerbrief (bes. Kap. 3; 7(24f); 8) vor Augen stand, ist von allen Interpreten vermerkt worden. – Die Strophe bietet ein Musterbeispiel dafür, wie gezielt Luther die siebenzeilige ‚bauende‘ Strophe aus Stollen, Stollen, Abgesang mit abgehobenem reimlosem Schlussvers für eine klare inhaltliche Gliederung und Steigerung genutzt hat. Sie wird durch seinen häufigen Gebrauch zur „Lutherstrophe“.

Da leitet den nächsten Handlungsschritt ein. Dieses *Da* ist nicht zeitlich zu verstehen, sondern als „angesichts dessen“, was durch das zeitenthobene *in Ewigkeit* sogleich bestätigt wird. Luther lässt die heilsgeschichtliche Wende nicht mit der Geburt Jesu beginnen; dessen vertraute Lebensstationen werden erst in den Strophen 6 bis 9 vorgeführt. Luther greift in den Strophen 4 und 5 das mittelalterliche Motiv vom vorzeitlichen „Heilsratschluss“ Gottes auf.[10] In einer maßgebenden Predigt Bernhards von Clairvaux über Psalm 85,10f (Vulgata 84,10f)[11] fordern Wahrheit und Gerechtigkeit den Tod des sündigen Menschen, Barmherzigkeit und Friede plädieren für Gnade. Gottes Sohn entscheidet salomonisch, das Heil müsse aus dem Tod hervorgehen, und er erfüllt diesen Spruch selbst durch seinen stellvertretenden Tod und seine Auferstehung. In der „Erlösung“[12], einer deutschen Fassung, geht der Gerichtsverhandlung ein Gespräch zwischen Gott Vater und Sohn voraus. Darauf hat Luther sich beschränkt. Der „Heilsratschluss“ fügt sich gut in seine Darstellung als berichtendes Lied und ist geeignet, an Str. 3 angeschlossen, mit reformatorischem Akzent zu betonen, dass das Heilsgeschehen von allem Anfang an nicht mensch-

[9] WA 54, 185.

[10] Vgl. HahnEv, 119f; ders., Der Ratschluss der Erlösung, GAGF 32 (1998) 90–92; zur bildlichen Darstellung des Motivs vgl. François Boespflug, Der Gott der Maler und Bildhauer, Freiburg i. Br. 2013, 67–87.

[11] Migne Patrologia Latina (PL), 183, 383ff.

[12] Hg. Friedrich Maurer, Leipzig 1934.

lichem Wollen und menschlicher Anstrengung, sondern allein Gottes gnädigem Willen entspringt.

Strophe 4: Es ist *Barmherzigkeit*, die Gott *übermaßen* bewegt, und diese kommt, ohne Rechtsstreit und Entscheidungsnot, sogleich und direkt aus Gottes *Vaterherzen*, wenn er nun die Hilfs- und Rettungsaktion einleitet. Nicht Versöhnung ist das Thema dieses geistlichen Zeitungsliedes, sondern Erlösung, Befreiung aus der Gewalt der Unheilsmächte. Der Preis wird wie in 1,7 noch einmal betont: *fürwahr kein Scherz, er ließ's sein Bestes kosten.*

Strophe 5: Dieses *Beste* ist sein *lieber Sohn*, in der Liebesliedsprache der Zeit vermittelt: *meins Herzens werte Kron*[13]; daraus wohl auch das Abschiedswort *fahr hin!* Der Auftrag ist stichwortartig, aber wieder umfassend (wie in Str. 2) ausgestellt: es geht um *Heil dem Armen*, um *Sünde, Tod* und *Leben*. Das wird emotional nahegebracht (*Not, erwürg, bitter*).

Strophe 6: Der Schauplatz wechselt, vom Himmel *auf Erden*, der Gottessohn wird *g'horsam* Mensch. Wahrer Mensch: geboren *von einer Jungfrau rein und zart.* Mensch um meinetwillen, für mich: *kam zu mir, mein Bruder.* Menschsein (*in meiner armen G'stalt*) auch als Verkleidungslist: *den Teufel wollt er fangen.* Diese frühe Vorstellung des Erlösungsgeschehens passt in ein spannendes Erzähllied. Die „Hauspostille" wird 1544 erklären: „Denn ob wol der Herr Christus sich schwach stellet unnd thut nit anders, denn als müste er gar zu boden und dem Teuffel weichen, dennoch in solcher schwacheyt ist ein unüberwindliche gwalt verborgen. Das sahe der Teuffel nicht und verleüret all sein macht drob."[14]

Strophe 7: Das Geschehen steht fortan im Zeichen des Gelingens: *es soll dir jetzt gelingen.* Wie? Indem der Sohn *selber* und *ganz* an meine Stelle tritt, meine verlorene Sache (Str. 2.3) in die Hand nimmt, für mich *ringt*; der Part, der mir bleibt, ist, mich an ihn zu *halten.* Was Luther an anderer Stelle als „seligen", „fröhlichen" „Wechsel" und „Tausch" beschreibt[15], den der Sündelose heilbringend dem Sünder anbietet, ist mit vergleichbarer Eindringlichkeit in dieser Strophe dargestellt. Die ständige Verflechtung der Pronomina *ich* und *du* (*dich an mich, ich mich selber ganz für dich, ich für dich*) gipfelt im Abgesang. Luther zitiert den Eingang eines alten deutschen Liebesliedes[16], angereichert durch Ruth 1,16f. Diese Sätze stellen für ihn eine verbindliche Verlobungsformel, ein Eheversprechen[17] dar:

denn ich bin dein und du bist mein,
und wo ich bleib, da sollst du sein,
uns soll der Feind nicht scheiden.

[13] Vgl. Sauer-Geppert, 131; Wolff, 100.

[14] WA 52, 250, Predigt Ostertag 1531.

[15] WA 49, 124; und öfter.

[16] Des Minnesangs Frühling, I Texte, bearb. Hugo Moser/ Helmut Tervooren, Stuttgart [38]1988, 21; II Untersuchungen, 1981, 1f. Zu geistlichen Vorläufern der Formel (Hoheslied 2,16; 6,2) und ihrer weltlichen und geistlichen Verbreitung vgl. Wolff, 100f.

[17] Sermon von dem ehelichen Stand, WA 2, 169,8–17; 9, 216,31–34.

Im letzten, resümierenden Vers sind *ich* und *du* zu einem untrennbaren *uns* geworden.

Alles, was Str. 7 enthält, ist Rede Christi: *Er sprach zu mir,* und diese Rede hält an bis zum Ende des Liedes. Das bedeutet, dass Tod, Auferstehung, Himmelfahrt, Geistsendung dargeboten werden als ein „Ich werde es für dich tun". Hat Luther damit nicht darstellerische und auch theologische Wirkung verspielt? Darstellerische Wirkung, indem das spannende Ereignislied in eine überlange Ansprache mündet? Theologische Wirkung, indem ein starkes perfektives „Es ist vollbracht" durch ein blässliches futurisches „Ich werde vollbringen" ersetzt ist? Die Gegenrechnung: Zum literarisch-publizistischen Typus, den Luther gewählt hat, gehört zwar das aufregende Ereignis, aber ebenso, dass dazu deutend Stellung bezogen und dass es ausgerufen wird. Gerade darin bestand ja für Luther die legitimierende Brücke zum „Evangelium" als gedeuteter - guter, froher - Botschaft. Der Raum, der der Ansprache Christi im Lied eingeräumt ist, ist also durchaus angemessen. Wenn sie dem Sohn Gottes selbst in den Mund gelegt wird, dann der höchsten Deutungsautorität, wie schon in Str. 5 Gott dem Vater. In seinem Mund wird der deutende Ausspruch zum wirkenden Zuspruch: *Er sprach zu mir [...] es soll dir jetzt gelingen.* In Luthers Gestaltung bildet sich letztlich seine Einschätzung des „Wortes" in der Heilsvermittlung ab, seine Worttheologie. - Was das Futur anlangt: Der Menschgewordene erklärt sein Handeln, noch bevor er handelt. Damit wird der Sinn und das Ziel dieses Handelns dem Glauben unmissverständlich und dringlicher dargelegt, als dies in einer nachträglichen Deutung geschehen könnte. Das Handeln Christi ist von vornherein, von allem Anfang bis zum Ende darauf angelegt, ein Handeln „für dich", das ist „für mich" zu sein. Es ist dieses Motiv, das die folgenden Strophen Aussage um Aussage, Satz für Satz bestimmt.

Str. 8: Der Tod Christi: *das leid ich alles dir zu gut.* Die Auferstehung: *mein* Unschuld *trägt die Sünde dein.* Es ist sicher kein Versehen Luthers, dass bei dieser zentralen Stelle des Heilsgeschehens das Futur durch ein Perfekt unterbrochen wird: *da bist du selig worden.* Der *feste Glaube* kann sich als Heilsgewissheit äußern. Das Geschehen ist theologisch konsequent und literarisch typusgemäß als Kampf fortgeführt, als Kampf mit dem Widersacher, als Kampf auf Leben und Tod, als *Blut vergießen, Leben rauben*, mit paradoxem Ausgang, drastisch formuliert: *Den Tod verschlingt das Leben mein.*[18]

Str. 9: Auch Himmelfahrt, die Rückkehr zum Vater, ist Geschehen „für mich": dauerndes *Meister*sein Christi als meine Lehrautorität und mein machtvoller Beistand. Das wird pfingstlich konkret, wenn er „mir" seinen Geist senden wird, „meinen" Helfer und Tröster in äußerer und innerer Not, meinen Lehrer in der Erkenntnis Christi und Leiter in die ganze Wahrheit (Joh 14,26; 16,13).

Str. 10: Die Schlussstrophe der Rede Christi und des ganzen Liedes formuliert Auftrag und Warnung „an mich". Der Auftrag umfasst die Lebensführung (*tun*)

[18] Vgl. den *wunderlichen Krieg* in Luthers Osterlied EG 101,4 und der zugrundeliegenden Sequenz *Victimae paschali laudes.*

und ausdrücklich auch die Lehre (Mt 28,20), und beides ist, in genauer stilistischer Parallele (*Was ich – das du* ...) zurückgebunden an Christi Leben und Lehren, als Nach-Folge bestimmt. Luther fällt an dieser Stelle noch einmal ins Perfekt: *was ich getan hab und gelehrt.* Soll die Lebensnachfolge, wie schon der Lebensgewinn in Christus (Str. 8), Nachdruck und Ermutigung erfahren, indem sie in die Perspektive des schon vollendeten Werkes Christi gerückt wird? Der Auftrag zur Nachfolge hat, auf die Menschen gerichtet, die Ausbreitung des *Reiches,* und darin, auf Gott gerichtet, *Lob* und *Ehre* zum Ziel. – Enger zeitbezogen ist die Warnung formuliert. Sie gilt dem „Wort", das als *edler Schatz* im ganzen Lied, insbesondere aus Christi Mund, gegenwärtig war. Die Warnung zielt auf verfälschenden menschlichen Eingriff, der Autorität für Lehre und Leben beansprucht (*Satz* als Satzung). Was in dieser Strophe *zur Letze* gesagt ist, ist „Abschiedsgeschenk" (DWb), Vermächtnis, hat das Gewicht „letzter Worte".

Das Lied, das Luthers reformatorische Erkenntnisse so umfassend und pointiert enthält wie kein anderes und offenbar von größter Wirkung war[19], kann heute kaum ohne erklärende Rahmung gesungen werden.[20] Gerade darin bestätigt sich Luthers Anliegen: die Menschen seiner Zeit mit dem Evangelium in ihrer Lebenswelt aufzusuchen. Das war zum einen die Welt der kirchlichen Einrichtungen, besonders des Gottesdienstes, und in den meisten seiner folgenden Lieder knüpft Luther bestätigend und korrigierend an deren Traditionen an.[21] Mit *Nun freut euch* trägt er die Frohe Botschaft in eine andere Lebenssphäre, in der das elementare Bedürfnis des Menschen herrscht, Neues erfahren zu wollen – von der Sensationslust bis zur lebensnotwendigen Orientierung in der politischen, sozialen, wirtschaftlichen Lage, dringlich in der Türkengefahr, bei immer drohender Missernte, Teuerung, Hungersnot und Seuche (vgl. Vaterunserlied EG 344,5), jetzt auch in den Wirren des reformatorischen Umbruchs. Die meisten Menschen, darunter jene „Einfältigen", denen Luthers besondere Seelsorge und Katechese gilt, haben keinen Zugang zu einem geregelten Nachrichtenverkehr; dieser ist dem Hof, dem Magistrat, der Universität und ihren Kurierdiensten vorbehalten. Die anderen sind in einer Zeit, die keine periodische Presse kennt, angewiesen auf das, was ihnen gelegentlich durch Durchziehende als Neuzeitung berichtet und vorgesungen wird. Hier klinkt sich Luther mit seinem Lied bewusst und gezielt ein, wie später ähnlich in *Vom Himmel hoch da komm ich her*[22]. – Falls Luthers Lied „neue Lieder" unserer Zeit legitimieren und anleiten soll, Lieder, die bewusst über sprachliche und musikalische Traditionen der Kirche hinausgreifen wollen, gibt sein Verfahren zu bedenken, dass nicht alles geeignet ist, was sich als säkular und modern anbietet. Er hat in der Wahl seiner darstellerischen Mittel überaus kenntnisreich

[19] HEKG Sb, 371; Koch I, 244.
[20] Vgl. Reich, 122f.
[21] Auch sein Zeitlied rückt rasch in die entstehenden Gesangbücher der Gottesdienstreform ein, in unterschiedliche Rubriken. Vgl. Reich, 116f; Leaver.
[22] EG 24; vgl. HEG III, H. 12, bes. 18.

und verantwortungsvoll wirkliche Lebensbedürfnisse, angemessene Formen ihres Ausdrucks und ihrer Befriedigung und eine unverkürzte Verkündigung zusammengeführt.

GERHARD HAHN

Fröhlich springen – dieses Wortpaar aus der ersten Strophe scheint den Charakter der Melodie auf den ersten Blick treffend zu beschreiben. Nicht weniger als fünf Quartsprünge und die kurzen Auftakte am Beginn jeder Zeile bewirken die Frische und Lebendigkeit dieser reformatorischen Melodie mit älteren Wurzeln. Typisch ist die syllabische Deklamation, die – ebenfalls typisch – nur zweimal aufgegeben wird, am Ende der Stollen und des Abgesangs durch eine Ligatur auf der jeweils vorletzten Silbe, dargestellt durch die Bindebögen im Notenbild.

Gleich die erste Zeile steckt den Rahmen ab: Grundton in der Mitte *(f)*, Unterquarte *(c)*, Oberquarte *(b)*. Ausnahme: die ersten beiden Abgesangszeilen. Bemerkenswert auch, dass so viele Melodiezeilen in den Grundton kadenzieren. Fast alle. Bis auf die erste Abgesangszeile. Es kristallisiert sich also heraus, dass hier, am Anfang des Abgesangs, so etwas wie ein dramatischer Höhepunkt entsteht: Die Ausweitung des Ambitus zur Quinte, die gleich fünfmal erklingt; die harmonische Ausweichung in die Dominante, angezeigt durch das *h* mit Schluss auf *c*; schließlich die einzige Punktierung, die dann zurück führt zum Gestus des ersten Melodieteils. Wieder einmal zeigt sich, wie in einer guten Melodie die Form des Textes mit der melodischen korrespondiert, denn die ersten beiden Abgesangszeilen sind zugleich die einzigen paargereimten des Liedes. Die an dieser Stelle vorwärtsdrängende Melodie verstärkt die Zusammengehörigkeit des Verspaares. Am eindrücklichsten kann man diese innere Dramatik der Melodie vielleicht beim Singen der dritten Strophe nachempfinden mit ihrem Höhepunkt *die Angst mich zu verzweifeln trieb*.

Zur geschichtlichen Einordnung der Weise des Lutherliedes ist zunächst zu sagen, dass – absichtlich oder unbewusst – auf älteres Melodiegut zurück gegriffen wird. Eine eindeutige direkte Vorlage lässt sich aber nur schwer belegen. Die äußerst komplizierte Beschreibung möglicher melodiegeschichtlicher Zusammenhänge in dem wissenschaftlichen Standardwerk *Das Deutsche Kirchenlied*[23] mag ein Sinnbild sein für die vielfältigen Bezüge. Es soll hier genügen, hinzuweisen auf eine frappierende Ähnlichkeit mit einer Credomelodie des 15. Jh.[24] und einer bei DKL III/1.1 angegebenen weltlichen Vorlage *So weiß ich eins das mich erfreut, das plümlein auf preyter heide*. Interessant ist, dass einige dieser verwandten Melodien im Dreiertakt, der die Fröhlichkeit noch unterstreicht, stehen.

Wie andere Melodien zu Liedern in Form der „Lutherstrophe“ wurde auch

[23] DKL III/1.1, Textbd., 184f und DKL III/1.2, Notenbd., 240–242 (Synopse XX) mit einer Gegenüberstellung von sieben mehr oder weniger verwandten Melodien.

[24] Vgl. die Melodie B18 (*Ich glaub' an einen Gott der da hat*) in DKL III/1.1, Notenbd., 254.

diese von Anfang an auf zahlreiche andere Texte gesungen. Erst im EG wird sie nur noch mit diesem einen, ihrem ursprünglichen Text verbunden. In dessen Vorläufer, dem EKG, war sie noch als Alternativmelodie z. B. zum Lied *Der Herr ist mein getreuer Hirt* angegeben.

HELMUT LAUTERWASSER

344 Vater unser im Himmelreich

EG 344 RG 287(351) EM 340

Text

Verfasser Martin Luther **Entstehung** um 1538 **Vorlage** Mt 6,9–13 **Quellen** (a) Handschrift Luthers um 1538 * (b) *Geistliche lieder auffs new gebessert vnd gemehrt* (V. Schumann), Leipzig 1539 (DKL 1539[04]) * weitere Quellen 1539: DKL 1539[05] (verschollenes Liederblatt); 1539[06] (Titelauflage desselben Liederblattes s. DKL III/1 Registerbd., 10; = DKL-Nachträge; Faks in Korth 1998, 272 und DKL III/1.2,XVIII) und 1539[07] (Erfurter Agende); ihnen geht sicher ein verschollenes, aber nicht genau datierbares Liederblatt voraus, s. dazu DKL III/1.2 Textbd. 142 **Überschrift** (b) *Das Vater vnser kurtz Ausgelegt vnd jnn Gesangweise gebracht durch Doctor Mart. Luth.* **Liturgische Einordnung** Lied zum Vaterunser **Ausgaben** W III,41; WA 35, 463–467 (Nr. 31/31a); WA.A 4, 295–298 (Nr. 35; beigelegt: Faks von Quelle a); HahnL 47f (Nr. 31) **Strophenbau** A8/4a A8/4a A8/4b A8/4b A8/4c A8/4c Frank 6.33 **Abweichungen** (b) 5,3 *und* Streit; 6,2 *betrüben*; 9,4 *Das* wir * RG, EM: 2,3 *wir auch;* 5,3 *Krieg und;* 8,3 *von dem ewgen* **Verbindung TM** (a) verworfene eigene Melodie Luthers (Faks und Edition: WA.A 4; Faks: MGG 8, Tafel 8, zu Sp. 1345) * (b) wie EG * weitere: mehrere Melodien 1544 (in: DKL 1544[13]; Z II,2564; DKL III/1.2 C28–29)

Melodie

Incipit 5_53b453b21_ **Verfasser** evtl. Martin Luther **Entstehung** Mitteldeutschland oder Straßburg vor 1539 (Korth 1998) **Vorlagen** (a) *Allmächtig got, her Jesu Christ* (Tischsegen des Mönchs von Salzburg vor 1396; Erk-Böhme III,1995) * (b) *Begehren wir mit Innigkeit* (M. Weisse 1531; Z II,3792; DKL III/1.3 Eg49) **Quellen** s. o. Text/ Quelle b **Ausgaben** Z II,2561; WA.A 4, 114–116.295; DKL III/1.2 Eb35 **Ambitus** G: 10b; Z: 556b666b **Abweichungen** Taktvorschrift ¢; Septime tiefer; Z. 3, *rufen/* Z. 4, *uns*: ohne Alteration (in Z. 4 ist im EG nur gelegentlich *fis* vorgeschlagen); Schlussnote: Ganze mit Fermate * RG: Taktvorschrift ¢ * EM: mit 4st. Satz (Hassler 1608); Schlussnote: Ganze **Verbindung MT** wie EG * in den Quellen des 16. Jh. sind mindestens 23 weitere Texte mit der Melodie verbunden (s. DKL III/1.2 Textbd., 141–144 und DKL III/1 Registerbd., 100 und DKL III/2, 310) * *Nimm von uns Herr, du treuer Gott* (Martin Moller; EG 146) * *„So wahr ich lebe", spricht dein Gott* (Johann Heermann; EG 234) * *Amen. Lob, Preis und Herrlichkeit* (RG 351)

Literatur

HEKG (Nr. 241) I/2, 375–377; II, 75f; III/2, 174–178; Sb, 373–375; HEG II, 45–47.204–208 ** ThustB, 304–306 ** Böhme (1877) 739f; WA (1883ff) 35, 270–281. 463–467.527f.616f.626; EEKM (1888–1895) III,748–753; Erk-Böhme (1893–1894) III, 692 (Nr. 1984); Bruppacher (1953) 69–71; WA.A 4 (1985) 114–116. 295–298.345–351; DKL (1993–2010) III/1.2 Textbd., 141–144 und III/2, 310 ** WINTERFELD, Carl von: Der evangelische Kirchengesang und sein Verhältnis zur Kunst des Tonsatzes, Band I, Leipzig **1843** (Nachdruck Hildesheim 1966), 159f * SPITTAL **1905**, 279–307 * STAPEL, Wilhelm: Luthers Lieder und Gedichte, Stuttgart

1950, 119–124 * JENNY, Markus: Die beiden Weisen zu Luthers Vaterunser-Lied, JLH 6 (**1961**) 115–118 * JENNYG **1962**, 207 (Nr. 102) * SCHUMACHER, Gerhard: Aspekte der Choralbearbeitung in der Geschichte des Liedes „Vater unser im Himmelreich", Sagittarius 4 (**1973**) 111–136, bes. 111–116 * HAHNEV **1981**, bes. 288. 102 * VEIT, Patrice: Das Kirchenlied in der Reformation Martin Luthers. Eine thematische und semantische Untersuchung, Stuttgart **1986** * JENNY, Markus: Eine Korrektur Luthers an einer von seinen Melodien, JLH 33 (**1990/1991**) 204f * MEDING, Wichmann von: Luthers Lied vom Vaterunser: Waffe aus Weise und Wort, ZThK 93 (**1996**) 500–537 * KORTH, Hans-Otto: Melodie und Notation in Kirchenlieddrucken des 16. Jahrhunderts. Zur Herkunft der Melodie des Lutherliedes „Vater unser im Himmelreich", in: Hermann Danuser/ Tobias Plebuch (Hg.), Musik als Text. Bericht über den Internationalen Kongress der Gesellschaft für Musikforschung, Freiburg i. Br. 1993, Bd. 2, Kassel **1998**, 270–273 * LEAVER, Robin A: Luther's catechism hymns 4. Lord's Prayer, Lutheran quarterly 12 (**1998**) 89–98 * MEDING **1998**, bes. 297f.312–315 * KORTH, Hans-Otto: Einstimmige wissenschaftliche Edition. Aufgaben und Grenzen der Darstellung, JLH 43 (**2004**) 212–234, bes. 221f * PETZOLDT, Martin: Martin Luthers Vaterunserlied – theologisch und musikalisch betrachtet, Lutherjahrbuch 74 (**2007**) 69–90

„Nun folgen geistliche Gesänge, darin der Catechismus kurz gefasset ist, denn wir ja gern wollten, dass die christliche Lehre auf allerlei Weise, mit Predigen, Lesen, Singen etc. fleissig getrieben, und immer dem jungen und einfältigen Volk eingebildet, und also für und für rein erhalten und auf unsere Nachkommen gebracht würde."[1] So die spätere Einleitung zu einer Gruppe von „Katechismusliedern"[2] Martin Luthers im Wittenberger Gesangbuch Joseph Klugs von 1543.

„Kurz gefasst", das meint gut erlernbare, im Gedächtnis behaltbare Fassungen der Katechismusaussagen. Sie sind darüber hinaus aber bestimmt, das Christenleben zu „bilden", das heißt zu prägen, zu formen, gerade auch der jungen und der ‚bildungsfernen' Menschen, zu Luthers Zeit der vielen Leseunkundigen besonders niedrigen Standes. Und das soll auch „mit Singen" geschehen, im Lied, das die Merkbarkeit erleichtert und die lebenformende Kraft des Wortes emotional unterlegt und stützt.

Lagen geeignete Lieder zu den Zehn Geboten, zum Glaubensbekenntnis und Abendmahl schon seit 1524 vor, so waren Lieder für das Vaterunser und die Taufe noch nachzutragen. Wahrscheinlich 1538 oder 1539 entsteht *Vater unser im Himmelreich.* Es ist in einem Autograph Luthers erhalten, der uns sein überaus selbstkritisches, penibles Ringen um gültige Formulierungen im Versgewand vor Augen führt.[3] Der Leipziger Druckveröffentlichung von 1539 gehen

[1] HahnL, 63, in modernisierter Schreibung.

[2] Entgegen der Kritik von Medings an dieser Kategorie Mahrenbachs verweist Hahn auf die umfassende Bedeutung des „Katechismus" bei Luther, vgl. Gerhard Hahn, Die Vermittlung christlicher Lehre in den ‚Katechismusliedern' Martin Luthers, in: Wolfgang Harms/Jan-Dirk Müller (Hg.), Mediävistische Komparatistik, Festschrift f. Franz Josef Worstbrock z. 60. Geburtstag, Stuttgart/Leipzig 1997, 315–331.

[3] Das wieder gefundene Autograph, zuvor nur in einem Faksimile von Winterfeld verfügbar,

nicht erhaltene Liedblätter voraus. Die Überschrift kündigt dezidiert ein „Katechismuslied“ an: „Das Vaterunser kurz ausgelegt und in Gesangweise gebracht“.[4] Das ist sein Charakteristikum gegenüber früheren Vaterunserliedern.[5]

Leichte Erlernbarkeit und gute Merkbarkeit ermöglicht bereits die Strophenform. Der Sechszeiler ist nichts anderes als die Reihung dreier Reimpaare aus gängigen achtsilbigen, vierhebigen jambischen Verszeilen. „Tonbeugungen“[6] wie *Vatér, Brüdér, gib, dáß, hilf, dáß* etc. werden singend verschliffen, soweit sie nicht sogar als „beschwerte Hebungen“ dazu dienen, den Sinn hervorzuheben: wenn die natürliche sprachliche Betonung, hier verstärkt durch musikalische Länge, unmittelbar vor die metrische Betonung tritt: *Vátèr, Ámèn.* Die durchgängig betonten („männlichen“) Versausgänge können die Bestimmtheit der Aussagen unterstreichen. Die Verspaare umgrenzen markierend und stützend inhaltliche und syntaktische Einheiten bei nur wenigen ausgeprägten Enjambements, wenn also der Satz die Versgrenze überschreitet (Str. 1,2/3; 3,5/6; 4,1/2; 6,3/4; 9,4/5). Die Bitten werden weitgehend in einfachen, gereihten Hauptsätzen vorgetragen, ergänzt durch ebenso einfache Nebensätze mit *daß, wenn* oder als Relativsätze. Ein großer syntaktischer Bogen ist allerdings durch die gesamte einleitende 1. Strophe geschlagen und stiftet den grundlegenden Zusammenhang vom *Vater*-Anruf zu den Bitten. Dort auch ein Beispiel für wirkungsvollen Parallelismus: *gib, daß – hilf, daß.* Ein Chiasmus etwa in Strophe 8: *uns erlös – erlös uns.* Das „Katechismuslied“ ist also keineswegs ohne literarische Gestaltung geblieben: Durch Doppelformeln, wie Luther sie liebt: *Lieb und Leid, wehr und steu'r, Fleisch und Blut, Zeit und Tage.* Vor allem durch charakterisierende und Affekte auslösende Adjektive und Adverbien, die bei jeder Gelegenheit durch das ganze Lied hindurch eingefügt sind. Bildliche Vorstellung ist etwa in der 7. Strophe stärker aufgerufen: *zur linken und zur rechten Hand ... starken Widerstand ... wohlgerüst.*

Bereits mit der Zahl der Strophen aber und ihrer inhaltlichen Füllung treten wir enger in den Bereich der Deutung ein, die das „Katechismuslied“ an seinem Gegenstand, dem Vaterunser, vornehmen will. Vorweg ist zu beachten, dass Luther die Gebetsform der Vorlage beibehalten hat, möglichst bis in den Wortlaut hinein: Wer das Lied singt und hört, belehrt nicht nur und wird belehrt, sondern steht bittend vor Gott. Wie im Kleinen und ähnlich im Großen Katechismus, die beide seit 1529 vorliegen[7] und vorausgehende Äußerungen Luthers zum Thema maßgeblich zusammenfassen, widmet Luther der Anrede *Vater unser* und dem abschließenden *Amen* eigens eine Deutung, hier in den rahmenden

hat Markus Jenny in einem Farbfoto vorgelegt sowie maßgeblich beschrieben und interpretiert: WA.A 4, 345–351.

[4] Von Meding dagegen betrachtet das Lied als eschatologischen Litaneigesang in der Türkengefahr der Zeit, als Gesang der Jugend „dem Katechetischen verbunden“ (1996, 522). Der engere Bezug auf die katechetischen Schriften Luthers spricht doch eher für eine andere Gewichtung und Ausrichtung.

[5] Vgl. u. a. WA 35, 270–272.

[6] Vgl. Sommer in JLH 9 (1964) 59f.

[7] Zitiert nach BSLK [10]1986; WA 30, 1,239ff.123ff.

Strophen 1 und 9. Die sieben Bitten des Vaterunsers füllen dann je eine Strophe. Gemeinsam ist ihnen, dass sie in der Auslegung durchgehend ins Auge fassen, zum einen was dem Christenleben zuträglich, zum anderen was ihm abträglich ist. Im Einzelnen:

1. Strophe: Stillschweigend vorausgesetzt ist die autorisierende Einsetzung des Gebets durch Jesus, den „Sohn" (Mt 6,9–13). Dass wir mit ihm Gott als *unseren Vater* anrufen können, bedeutet für unser Beten, dass es dem einladenden Wunsch eines *Vaters* folgt (*willst han*). Kleiner Katechismus (512): „... auf daß wir getrost und mit aller Zuversicht ihn bitten sollen wie die lieben Kinder ihren lieben Vater". Dabei soll uns bewusst sein, dass wir in diesem Wir-Gebet als bindende, verbindliche ‚familiäre' Gemeinschaft von *Brüdern* und Schwestern beten. „*Denn* so er unser aller Vater ist, will er, daß wir unter einander Brüder sein sollen".[8] Das Enjambement *gleich / Brüder* unterstreicht dieses Motiv, das im Kleinen Katechismus nicht ausgeführt ist. Der *Vater*-Anrede ist aber auch geschuldet, dass wir nicht nur (der negative Aspekt) mit dem *Mund*, den Lippen beten sollen, sondern (der positive Aspekt) aus *Herzensgrund*,[9] unserem Innersten, in dem wir unverhüllt vor dem cordis speculator (Apg 1,24; Röm 8,27; u. ö.) stehen.

2. Strophe: Sie hält sich eng an den Kleinen Katechismus (512). Heiligung des Namens Gottes heißt letztlich und verbindlich, *dass auch wir leben heiliglich.* Was das für unser Reden und Handeln konkret bedeutet, führt ausführlich der Große Katechismus vor (670–672). Es ist reformatorischer Akzent, wenn das Lied in seinem begrenzten Raum darauf verweist, dass *leben heiliglich, würdiglich* ermoglicht wird durch das *reine Wort* und die Bindung daran. Das Motiv des immer schon vorlaufenden Wirkens Gottes ist auch stilistisch zum Ausdruck gebracht, indem der Satz vom *Wort* dem vom *Leben* vorangestellt ist. Entsprechend ist auch im negativen Ausblick der Strophe, in einem eigenen, abschließenden Reimpaar, die grundlegende Stellung des *Wortes* betont: *falsche Lehr, verführet Volk bekehr* zum *reinen* Wort.

3. Strophe: Sie ist in der unvermittelten Parallelisierung von Gottes *ewigem,* gleichwohl schon angebrochenem *Reich zu dieser Zeit* und dem Wirken des *Heiligen Geistes* nicht sofort verständlich. Das „Katechismuslied" muss als ein Element im katechetischen Gesamtgeschehen gesehen werden. Der Kleine Katechismus (513) zeigt die Brücke: Die zweite Bitte des Vaterunsers richtet sich darauf, dass das Reich Gottes „auch zu uns komme. Wie geschieht das? Antwort. Wenn der himmlische Vater uns seinen heiligen Geist gibt, dass wir seinem heiligen Wort durch seine Gnade gläuben und göttlich (gottgemäß) leben, hier

[8] SpittaL, 279–307, hat die Beziehung des Liedes zu den beiden Katechismen und ihren Vorläufern sowie zu Luthers Litanei (EG 192; WA.A 4, 250–263, Nr. 29) detailliert dargestellt, ohne dass man seiner Frühdatierung folgen kann. Vgl. WA 35, 273–281. Hier verweist Spitta auf die Auslegung des Vaterunsers deutsch von 1519 (WA 2,86) und die Kurze Form von 1519 (WA 6, 12).

[9] Eine Entsprechung fehlt im Kleinen Katechismus; kurze Andeutung im Großen Katechismus 663: dafür ausführlich in der Auslegung deutsch 1519, WA 2, 81.83; vgl. auch Mt 6,7 und 15,8.

zeitlich und dort ewiglich“. Dagegen geht das Lied in seinem eigenen doppelseitigen Plan darüber hinaus, wenn es, wieder im *abschließenden* Reimpaar und hier mit hartem Enjambement (*Gewalt / zerbrich*), die Bedrohung der *Kirche* mit Worten betont, die an EG 362 *Ein feste Burg* (auch an EG 193 *Erhalt uns, Herr bei deinem Wort*; Großer Katechismus 677) denken lassen: *des Satans Zorn und groß Gewalt / zerbrich, vor ihm dein Kirch erhalt.* Dass der Widersacher besiegt ist, erspart nicht die Bitte der Angefochtenen.

4. Strophe: *Dein Will gescheh* wird im „Katechismuslied“ sogleich auf die irdischen Verhältnisse hin ausgelegt. Dabei ist besonders die Situation ins Auge gefasst, in der die Einwilligung in Gottes Willen bis heute zur Glaubensfrage wird: *Leidenszeit*, (*Lieb*) *und Leid.* Aber weder das Lied noch die Katechismen stellen die Warum- und Theodizee-Frage. Sie ist indirekt enthalten, wenn der *Gehorsam* und *die Geduld*, mit denen auf diese Probesituation des Glaubens geantwortet werden soll, als etwas dargestellt wird, was sehr eindringlich von Gott erbeten werden muss. Der Widerstand von *allem Fleisch und Blut*, dem Gott entgegenwirken soll (*steu'r* in diesem Sinn), schließt sicher den inneren Widerstand des Glaubenden ein und meint nicht nur den Widersacher und seine menschlichen Handlanger.

5. Strophe: Was *täglich Brot* heißt, wird sofort ausgeweitet zu *was man b'darf zur Leibesnot*, das heißt auf alles zum Leben Notwendige. Was die Katechismen sehr ausführlich und teils sehr zeitgebunden ausführen, umreißt das Lied exemplarisch: *Friede*, und zwar *guter*, gerechter, als politische und soziale Rahmenbedingung; bezahlbare Speise für alle ohne *Teuerung* als wirtschaftliche Grundlage; Gesundheit – Verhältnisse, von Gott erbeten und gewährt, die als solche bereits der Neigung zu zwei biblischen ‚Hauptsünden‘ entgegenwirken können, dem *Sorgen*geist (Mt 6,19ff) und dem Mammondienst des *Geizes* (Mt 6,24).

6. Strophe: Dass „Vergebung unserer Schuld“ aus unverdienter Gnade geschieht, ist im Kleinen Katechismus pointiert dargestellt, im Lied vorausgesetzt. Das Lied spricht in die geistliche Situation hinein, dass auch Glaubende immer wieder sündigen und diese Sünden ihr Leben *betrüben.* Der Große Katechismus klärt: Statt mit einem „fröhlichen und unverzagten Gewissen“, statt mit einem „fröhlichen Herzen“ (684), wie es einem Leben aus dem Evangelium anstünde, leben sie in innerem „Unfried“, ohne „Trost“ und „Zuversicht“ (683), bis sie sich wieder bittend der Vergebung der Sünden versichern. Dann, sagt das Lied, vergeben wir *unsern Schuldigern* sogar *gern.* Und das ist nur eine unterste Stufe unserer Beziehung zum Nächsten. Leben aus der Vergebung führt dazu *zu dienen*, nicht aus Zwang und Pflicht, sondern aus *rechter Lieb* und zur Bewahrung und Stärkung der *Einigkeit* derer, die sich ‚eins‘ wissen dürfen in der Vergebung der Sünden (vgl. EG 123,3; 214,3).

7. Strophe: „Gott versücht zwar niemand, aber wir bitten in diesem Gebet, daß uns Gott wollt' behüten und erhalten“ gegenüber dem Einfluss von „Teufel, Welt“ und „unserem Fleisch“. So bestimmt Luther die Ausgangslage der sechsten Bitte im Kleinen Katechismus (514). Das Lied betont, dass in der Situation der *Anfechtung* auch wir selbst gefordert sind, unser *Widerstand* geboten und auch möglich ist. Wie? Durch *festen Glauben*, wenn der *Widerstand* ein *starker*, wirk-

samer sein soll, denn der Glaube, nicht das Heilswirken Gottes steht ja in der *Anfechtung* auf dem Spiel. *Wohlgerüstet* lässt anklingen, dass uns die Waffenrüstung Gottes zur Verfügung steht (Eph 6,10–13). Mit der *linken* und der *rechten Hand* mag auf die Schild- und die Schwerthand verwiesen sein, eher auf die Anfechtung durch Unlust und Mangel auf der *linken Seiten*, durch Lust und Überfluss und deren Anerkennung auf der *rechten Seiten.*[10] Aber auch Gott selbst ist an unserer Seite als *Heiliger Geist. Trost* (DWb) meint hier ganz konkret: Beistand, Helfer, unterstützender Vertreter.

8. Strophe: Luther hat dem *Übel* ein *allem* vorangestellt und damit die ganze Bandbreite der Erlösungsbitte abgesteckt. Sie reicht vom *bösen* Zustand der Welt dieser *Zeit und Tage*, den Luther besonders an der Gefahr durch Papst, „Schwärmer" und Türken festzumachen pflegt, bis zur Drohung eines *ewigen Todes.* Dem eschatologischen Ausblick sind dabei vier der sechs Verse gewidmet. Belehrung nimmt hier noch mehr als schon in anderen Strophen den Ton der Seelsorge an, Seelsorge der Todesstunde. Erbeten wird *ein seligs End.* Die scheidende Seele wird nicht Todesengeln anvertraut wie in mittelalterlichen Bildern, sondern Gott selbst, in berührender Anschaulichkeit: *in deine Händ* – wie in Jesu Todesstunde (Lk 23,46).

9. Strophe: Sie ist abschließend und rahmend dem *Amen*, dem Wort des Betens gewidmet, das meist noch gedankenloser als andere gesprochen wird, obwohl es alles Erbetene noch einmal in sich einschließt und die Bitte abschließend bestätigt und bekräftigt. *Amen, das ist: es werde wahr.* Luther macht unser *Amen* zum Gradmesser unseres *Glaubens*, und der zeigt sich auch und gerade in unserem Beten als anfällig für *zweifelndes* Nichtvertrauen und bedarf der *Stärkung.* Das letzte Verspaar der Strophe und des Liedes ist motivierender positiver Ausblick: Unser Beten kann sich vertrauensvoll gründen auf die Verlässlichkeit von Gottes zusagendem *Wort.* Mehr noch: Es kann geschehen *in dem Namen dein* (vgl. Joh 14,13; 16,23). – *So sprechen wir das Amen fein.*

Gerhard Hahn

Vater unser im Himmelreich ist das einzige Lutherlied, zu dem eine autographe Melodie des Reformators überliefert ist; doch hat er diese selbst wieder durchgestrichen.[11] Sie wurde nie in einem Gesangbuch veröffentlicht.

Die Herkunft der seit dem Erstdruck und bis heute mit dem Vaterunser-Lied verbundenen Weise ist nicht sicher zu klären. Die Angaben im EG – Tischsegen des Mönch von Salzburg vor 1396, Böhmische Brüder 1531, Martin Luther 1539 – suggerieren eine Traditionslinie, die ebenfalls erklärungsbedürftig ist. Einzig die letzte Aussage steht unumstößlich fest: 1539, sieben Jahre vor Luthers

[10] Vgl. Stapel, 124, mit Bezug auf die Auslegung deutsch von 1519. Ansgar Franz verweist auf 2. Kor 6,7, die *Waffen der Gerechtigkeit zur Rechten und zur Linken*, die nach Augustinus entweder lobend und ehrend oder tadelnd und schmähend einzusetzen sind (Augustinus-Lexikon, hg. Cornelius Mayer, Bd. 2, Basel 1999, 366).

[11] Vgl. hierzu Markus Jenny in WA.A 4, 295 sowie Nachtrag 1 und Beilageblatt mit Faksimile.

Tod, wurden Melodie und Text im Gesangbuch des Valentin Schumann in Leipzig gedruckt, und zwar fast genau in der Gestalt, wie wir sie heute kennen. Lediglich das Erhöhungszeichen bei der zweiten Silbe von *rufen* in Zeile 3 fehlt dort (wie in fast allen zeitgenössischen Abdrucken). Weniger bekannt und in der Forschung oft nicht berücksichtigt ist der Abdruck des Liedes in dem ebenfalls 1539 erschienenen Liederblatt „Das Vater vnser kurtz ausgelegt vnd jnn Gesang weyse gebracht durch D. Mart. Luth. M." (ohne Angabe des Druckortes).[12] Es lohnt sich, die Wiedergabe in den beiden Drucken von 1539 etwas genauer anzusehen.[13] Die Gliederung der Melodie in sechs Zeilen zu je acht Tönen spiegelt sich in beiden Quellen wider: Im Leipziger Gesangbuch entspricht jede Melodiezeile einer Druckzeile (wobei die zweite Zeile versehentlich auf dem Kopf steht). Im Liedblatt ist die Melodie auf fünf Druckzeilen verteilt; hier sind aber die einzelnen Melodiezeilen durch senkrechte Striche (ähnlich den heutigen Taktstrichen) getrennt. Zusätzlich zu den langen Anfangs- und Endtönen sind die Zeilengrenzen also auch drucktechnisch deutlich markiert. Dieses Phänomen und ebenso die Beschränkung auf nur zwei verschiedene Notenwerte mit vollständigem Verzicht auf Pausen begegnet genauso in den Melodien des Genfer Psalters - wenngleich nicht nur dort. Zeilentrennstriche finden sich in Gesangbuchdrucken des 16. Jh. häufig bei Melodien, die aus einer speziellen aus der handschriftlichen Choralnotation entwickelten Notationsweise, die so nur in Straßburger Gesangbüchern vorkommt, übernommen wurden. Dies ist insofern interessant, als die Vaterunser-Melodie möglicherweise schon 1537 oder 1538 in zwei heute verschollenen Straßburger Gesangbüchern abgedruckt worden sein könnte.[14] Man kann dies aus in Teilen inhaltsgleichen späteren Auflagen erschließen. Darauf stützt sich die in jüngerer Zeit gelegentlich geäußerte Vermutung, die Melodie könnte nicht mitteldeutschen sondern Straßburger Ursprungs sein.[15] Ein Vergleich mit *Aus tiefer Not* (EG 299), wo sich bis heute neben der mitteldeutschen ebenfalls eine Straßburger Melodie gehalten hat, bietet sich an. Dort ist übrigens auch zu beobachten, dass bei der Erfurter Melodie (im Gegensatz zu der oberrheinischen) Zeilenübergänge im jambischen Versmaß gerne mit Pausen und kurzen Auftakten vertont wurden; bei *Vater unser im Himmelreich* würden sich solche zumindest für die Anfänge der Zeilen 2 und 4 anbieten.

[12] Der Druck fehlt in der DKL-Bibliographie und war auch Jenny (WA.A 4, Nr. 35) noch nicht bekannt. Das einzige erhaltene Exemplar besitzt die Sächsische Landes- und Universitätsbibliothek Dresden, Signatur Th.evang.gen. 604. Der Druck ist beschrieben als DKL-Nachtrag (1539^{06} bzw. ^{1}LBl Luth 1539^{b}, DKL III/1.1 Textbd., 16, b53b) in DKL III/1 Registerbd., 10. Faksimile der Melodie mit unterlegter 1. Strophe bei Korth 1998, 272 und in DKL III/1.2,XVIII.

[13] Ein dritter Druck mit der Melodie, eine Erfurter Agende von 1539 (DKL I/1, S. 714: 1539^{07} bzw. Th Erf 1539, DKL III/1.1 Textbd., 22, d4a), bleibt hier unberücksichtigt, weil sie dort in Choralnotation ohne Rhythmus enthalten ist.

[14] Es handelt sich um die beiden Drucke DKL I/1, 1537^{03} Straß um 1536/37 bzw. 1538^{02} Straß um 1538; DKL III/1.1, Textbd., 29, eb11a bzw. eb11b).

[15] Vgl. hierzu die Anmerkung zu Melodie Eb35 in DKL III,1/2, Textbd., 142–143 und Korth 1998.

Doch zurück zu den bereits erwähnten möglichen Vorläufern. Sowohl der Tischsegen des Mönchs von Salzburg *Allmächtiger got, her Jesu Christ*[16] als auch die Weise zum Lied *Begehren wir mit Innigkeit* (DKL III/1.3 Eg49) im Gesangbuch der Böhmischen Brüder von 1531 (DKL 1531[02] BBr 1531, DKL III/1.3 eg1) sind unverkennbar mit der Melodie des Vaterunser-Lieds verwandt. Eine direkte Abhängigkeit lässt sich nicht belegen, ist aber auch nicht ausgeschlossen.

Anders als z. B. bei *Ein' feste Burg ist unser Gott* sind Text und Melodie hier keine enge Symbiose eingegangen. Noch zu Luthers Lebzeiten – und in Wittenberg! – gab es zwei „neue" Melodien: Georg Rhaus bedeutende *Neue deutsche geistliche Gesänge* (DKL 1544[13]) enthalten insgesamt sechs mehrstimmige Vertonungen des Vaterunser-Liedes, nur drei von ihnen liegt die heute gebräuchliche Melodie zugrunde.[17] Gleichwohl haben die beiden anderen Melodien keinerlei Verbreitung gefunden. Umgekehrt wurde die heutige Melodie im Laufe ihrer Geschichte mit unzähligen anderen Texten verbunden, und man muss Joachim Stalmann recht geben, wenn er schreibt, sie passe zur ersten Strophe von *Nimm von uns, Herr, du treuer* Gott eigentlich besser als zum Originaltext.[18] Was nicht heißen soll, die Melodie passe nicht zum Vaterunser-Lied. Schon oben im Text-Kommentar ist bemerkt, dass durch die Melodie, genauer: durch ihren Rhythmus, manche „natürliche sprachliche Betonung" verstärkt wird. Man könnte sagen, es ist eine affektlose, „neutrale" Melodie, die hinter den Text zurück tritt: streng syllabisch, keinerlei rhythmische Aufregungen, keine unerwarteten Intervallsprünge. Und es ist eine schöne Melodie, die gerne vertont wurde. Es gibt großartige Orgelwerke, denen die Melodie zugrunde liegt (z. B. Felix Mendelssohn Bartholdys 6. Orgelsonate, op. 65); oft greifen die Komponisten die kontemplative Grundstimmung auf, man denke z. B. an die Orgelchoräle von Heinrich Scheidemann und Dietrich Buxtehude.

HELMUT LAUTERWASSER

[16] In 6 unterschiedlichen Fassungen ediert bei DKL II (Geistliche Gesänge des deutschen Mittelalters), Bd. 1, 15–17 (Nr. 17).

[17] Zu den anderen beiden vgl. Melodien C28 und C29 (zweimal) in DKL III,1/2 bzw. Z II,2563 und 2564.

[18] HEG III, H. 2, 96.

393 Kommt, Kinder, lasst uns gehen

Text

Verfasser Gerhard Tersteegen **Quelle** *Geistliches Blumen-Gärtlein Jnniger Seelen. Dritte und vermehrte Edition* (G. Tersteegen), Frankfurt/Leipzig 1738 **Überschrift** *Ermunterungs-Lied für die Pilger. Mel. Von Gott will ich nicht lassen* **Strophenbau** A7/3a- A6/3b, A7/3a- A6/3b, A6/3c A7/3d- A7/3d- A6/3c Frank 8.6 **Abweichungen** 2,8 *Steif;* nach 2: 3. *Der Ausgang, der geschehen;* 3,1 *Geht;* nach 5: 7. *Laßt uns nicht viel besehen;* 8. *Ist gleich der Weg was enge;* 9. *Was wir hier hör'n und sehen;* 10. *Wir wandeln eingekehret;* 6,4 *in;* nach 6: 12. *Ein jeder munter eile;* 13. *Des süßen Lammes Wesen;* 7,2 *an;* 7,7 *uns;* 7,8 *Als unsre Brüderlein;* 10,2 *halt't;* 10,7 *daheim beim;* nach 11: 19. *O Freund, den wir erlesen* **Verbindung TM** in der Q ohne N, aber mit Tonangabe (s. Überschrift): *Von Gott will ich nicht lassen*: Z III,5264b (1571; Vorlage zu EG 365).5265 (1575). 5266a (Crüger 1640), 5266b (Kühnau 1786) * *Aus meines Herzens Grunde*: Z III,5269a–f (1598–1627; EG 443).5419 (Schütz 1628)

Melodie

s. *Ich will, solang ich lebe* (EG 276)

Literatur

HEKG (Nr. 272) I/2, 418–421; III/2, 242–245; Sb,425–427; HEG II, 320- 322 ** ThustB, 345f ** KLL (1878–1886) II,15; Nelle ([3]1924) Nr. 341; RößlerL ([2]2001) 596–637, bes. 633f ** NELLE, Wilhelm, G. Tersteegens Geistliche Lieder. Mit einer Lebensgeschichte des Dichters und seiner Dichtung, Gütersloh **1897**, Nr. 104, bes. 195–199.399–403 * SAUER-GEPPERT, Waltraut Ingeborg: Zur Mystik in den Liedern Gerhard Tersteegens, in: Klaus Lazarowicz/ Wolfgang Kron (Hg.), Unterscheidung und Bewahrung (FS Hermann Kunisch), Berlin **1961** * ZELLER, Winfried: Gesangbuch und geistliches Lied bei Gerhard Tersteegen, MuK 39 (**1969**) 60–66, bes. 65 * JENNY, Markus: Die Herkunftsangaben im Kirchengesangbuch, JLH 24 (**1980**) 53–68, bes. 64f * DEICHGRÄBER, Reinhard: „Gott ist genug". Liedmeditationen nach Gerhard Tersteegen, Göttingen [2]**1997**, 125–143 * BENRATH, Gustav Adolf: Gerhard Tersteegen in seiner Zeit, in: Manfred Kock/ Jürgen Thiesbonenkamp (Hg.), Gerhard Tersteegen – Evangelische Mystik inmitten der Aufklärung, Köln **1997**, 7–22, bes. 18 * BUNNERS, Christian: Gerhard Tersteegens Lieder im Gesangbuch. Ein rezeptionsgeschichtlicher Beitrag, in: ebd., 77–100

Das Lied erscheint zuerst 1738 in der 3. Ausgabe von Tersteegens Geistlichem Blumengärtlein, im 3. Büchlein als Nr. 62 unter der Überschrift „Ermunterungs-Lied für die Pilger" und mit der Melodieangabe „Von Gott will ich nicht lassen". Im „Großen Neander"[1] steht es von der 3. Ausgabe 1747 an als Nr. 338 in der

[1] GOtt=geheiligtes / Harfen=Spiel / Der / Kinder Zion;/ Bestehend in / JOACHIMI NEANDRI / sämtlichen / Bundes=Liedern / und / Danck=Psalmen,/ Nebst einer Sammlung vieler andern auserlesenen / alten und neuen / Geist= und lieblichen Liedern:/ Andächtigen Hertzen zum

Rubrik „XXIV. Von dem Christlichen Leben und Wandel" – ohne Überschrift, aber mit Angabe derselben Melodie.

In der mit Noten versehenen 13. Auflage des Blumengärtleins (Elberfeld 1826) steht eine Melodie, die mit der uns vertrauten Weise zu *Von Gott will ich nicht lassen* (EG 365; Lyon 1557; geistlich Erfurt 1563) z. T. nur recht entfernt verwandt ist.

Das EKG (Nr. 272) hat dem Lied die Melodie von Heinrich Schütz zu Psalm 34 des Becker-Psalters zugewiesen (*Ich will, solang ich lebe*, EG 276). Dazu notiert Traugott Stählin in HEKG III/2, 245: „Als Ersatz-Weise wird [sc. im EKG-Register „Die Weisen"] angegeben ‚Von Gott will ich nicht lassen' (EKG 283) und in früheren Gesangbüchern steht gelegentlich eine auf Joh. Crüger [1640] zurückgehende Dur-Melodie zu ‚Von Gott will ich nicht lassen' verzeichnet (Zahn 5266b bei Joh. Christoph Kühnau 1786)." Stählin erwähnt gar nicht, dass Tersteegen selbst die Melodie *Von Gott will ich nicht lassen* vorgesehen hat, und gibt eine vage rhetorisch-ästhetische Begründung: „Unter den drei genannten Melodien wird man für diesen Text die Schütz'sche Psalmweise vorziehen, sie gibt ihm ein besonderes, unkonventionelles Gesicht und Gewicht. Die durch die Melodie erforderte Wiederholung der Schlußzeile verleiht ihr einen angemessenen Nachdruck" (ebd.). Das ist keineswegs eine zwingende Argumentation.

Im 19. Jh. war bereits als Alternativmelodie *Aus meines Herzens Grunde* aufgekommen. Sie ist denn auch in der Stereotypausgabe des „Geistlichen Blumengärtleins" (Stuttgart 1956) zusätzlich zu *Von Gott will ich nicht lassen* angeführt. Diese Wort Text-Liaison bedauert Wilhelm Nelle bereits 1897: „Das Lied wird neuerdings fast ausschließlich auf die Melodie Aus meines Herzens Grunde gesungen. Ohne Zweifel eignet sich aber besser die kraft- und stimmungsvolle Melodie, welche Tersteegen selbst vorgeschrieben hat: Von Gott will ich nicht lassen. Möchte sie, die innerlich dem Liede so verwandt ist, ihm wieder zugeeignet werden" (403). Der Wunsch erfüllte sich weder im EKG noch im EG, wo es bei der Verbindung des Tersteegen-Liedes mit der Schütz-Melodie geblieben ist. Es hindert aber nichts, es nach der Vorgabe des Dichters auf die Melodie *Von Gott will ich nicht lassen* (EG 365) zu singen.

In der originalen Gestalt hat das Lied 19 Strophen; nach der zehnten Strophe ist eine Zäsur markiert. In EG 393 ist das Lied wie bereits in EKG 272 auf elf Strophen verkürzt. Es fehlen hier die originalen Strophen 3, 7–10, 12–13 und 19. Das entspricht der Rezeption seit dem 19. Jh.: Das Lied hat zwar breiten Eingang in die Gesangbücher gefunden, dabei allerdings in unterschiedlichem Ausmaß Kürzungen hinnehmen müssen (vgl. Nelle 1897, 399). Im Blick auf den gottesdienstlichen Gebrauch ist dies verständlich, im Blick auf die Wahrnehmung des ganzen Liedes zu bedauern. Wir geben hier die im EG fehlenden

Dienst / und Gebrauch / mit Fleiß zusammen getragen./ Fünfte und vermehrte Edition. / CLEVE,/ Zu bekommen bey G. C. B. Hoffmann, 1768, Nr. 338.

Strophen wieder; sie lassen die Radikalität, mit der Tersteegen zur Abkehr von der Welt ermuntert, noch schärfer hervortreten.[2]

1. [1.] Kommt, kinder, laßt uns gehen ...

2. [2.] Es soll uns nicht gereuen ...

[3.] Der ausgang, der geschehen,
Ist uns fürwahr nicht leid;
Es soll noch besser gehen
Zur abgeschiedenheit.
Nein, kinder, seyd nicht bang,
Verachtet tausend welten,
Ihr locken und ihr schelten,
Und geht nur euren gang.

3. [4] Geht der natur entgegen ...

4. [5.] Man muß, wie pilger, wandeln ...

5. [6.] Schmückt euer herz aufs beste ...

[7.] Laßt uns nicht viel besehen
Das kinder-spiel am weg;
Durch säumen und durch stehen,
Wird man verstrickt und träg:
Es geht uns all nicht an:
Nur fort, durch dick und dünne;
Kehrt ein die leichten sinne,
Es ist so bald gethan.

[8.] Ist gleich der weg was enge,
So einsam, krumm, und schlecht,
Der dornen in der menge,
Und manches creutzgen trägt;
Es ist doch nur ein weg:
Laß seyn! wir gehen weiter,
Wir folgen unserm leiter,
Und brechen durchs gehäg.

[9.] Was wir hier hör'n und sehen,
Das hör'n und sehn wir kaum;
Wir lassens da, und gehen;
Es irret uns kein traum:
Wir gehn ins ew'ge ein;
Mit GOtt muß unser handel,
Im himmel unser wandel,
Und hertz und alles seyn.

[10.] Wir wandeln eingekehret,
Veracht und unbekant;
Man siehet, kennt und höret
Uns kaum im fremden land:
Und höret man uns ja,
So höret man uns singen,
Von unsern grossen dingen,
Die auf uns warten da.

* * *

6. [11.] Kommt, kinder, laßt uns gehen ...

[12.] Ein jeder munter eile,
Wir sind vom ziel noch fern;
Schaut auf die feuer=säule,
Die gegenwart des HErrn:
Das aug nur eingekehrt,
Da uns die liebe wincket,
Und den, der folgt und sincket,
Den wahren ausgang lehrt.

[13.] Des süssen Lammes wesen
Wird uns da eingedrückt;
Man kans am wandel lesen,
Wie kindlich, wie gebückt,
wie sanft, gerad, und still,
Die lämmer vor sich sehen,
Und, ohne forschen, gehen,
So, wie ihr führer will.

7. [14.] Kommt, kinder, laßt uns wandern ...

8. [15.] Solt wo ein schwacher fallen ...

9. [16.] Kommt, laßt uns munter wandern ...

10. [17.] Es wird nicht lang mehr währen ...

11. [18.] Drauf wollen wirs dann wagen ...

[19.] O freund, den wir erlesen,
O allvergnügend gut,
O ewig=bleibend wesen,
Wie reitzest du den muth!
Wir freuen uns in dir,
Du, unsre wonn und leben,
Worin wir ewig schweben,
Du, unsre gantze zier.

[2] Das jambische Metrum passt zum Gestus des Liedes: zur Dringlichkeit, mit der der Dichter die Pilger ermahnt, und der munteren Eile, zu der er aufruft (12,1; 16,1; vgl. Deichgräber 1997, 128).

Die in den frühen Drucken markierte Teilung des Liedes nach der Str. 10 vermittelt sich auch durch die Wiederholung der Anfangszeile der ersten in der elften Strophe: *Kommt, Kinder, lasst uns gehen* (1,1 = 6[11],1). Das Verhältnis zwischen beiden Teilen kann an einer weiteren Zeilenwiederholung verdeutlicht werden: *Es wird nicht lang mehr währen*, heißt es gleichlautend in 10[17],1 und 3. Die jeweiligen Folgezeilen unterscheiden sich charakteristisch. Zeile 2 folgert: *Halt't noch ein wenig aus!* Dies ist eine Ermahnung im Blick auf die Beschwerlichkeiten des noch andauernden Pilgerwegs; diese Mühsal muss ausgehalten werden. Zeile 4 hingegen fährt fort: *So kommen wir nach Haus.* Dies ist eine Verheißung im Blick auf das bevorstehende Ziel und Ende des Pilgerwegs. Im Verhältnis von Ermahnung und Verheißung spiegelt sich der jeweils vorherrschende Duktus beider Liedteile: Die Ermunterung der Pilger besteht in den Strophen 1-[10] vorwiegend negativ-abgrenzend in der Ermahnung, trotz aller Gegenkräfte Kurs zu halten, in den Strophen 6[11]-10[17] vorwiegend positiv in der Ermutigung durch Aufweis der Faktoren, die die Pilgerschaft aussichtsreich machen. Es sind dies, näher besehen, drei Faktoren, die erneut durch Zeilen- bzw. Wortwiederholungen hervortreten: *Kommt, Kinder, lasst uns gehen,/ der Vater gehet mit* (6[11],1–2) stellt den Pilgern *die Gegenwart des Herrn* ([12],4) vor Augen; das Ziel (*wir sind vom Ziel noch fern*: [12],2) vergegenwärtigt sich bereits bei denen, die noch unterwegs sind (Str. 6[11]-[13]). *Kommt, Kinder, lasst uns wandern,/ wir gehen Hand in Hand* (7[14],1–2) stellt den Pilgern den Segen der Geschwisterlichkeit vor Augen – in gegenseitiger Freude, Friedfertigkeit, Hilfsbereitschaft, Bescheidenheit (Str. 7[14]-8[15]). *Kommt, lasst uns munter wandern,/ der Weg kürzt immer ab* (9[16],1–2) stellt den Pilgern in Aussicht, dass sie bald am Ziel sind (Str. 9[16]-10[17]). Mit Str. 10[17] ist ein vorläufiger Abschluss erreicht. *Wie wohl, wie wohl wird's tun* (10[17],8) variiert 1,8 (*Es ist das Ende gut*) und 6[11],8 (*Ach ja, wir haben's gut*). Str. 11[18] fasst das Ganze – die Abwendung von allem, *was aufhält und beschwert* (11[18],4), und die Hinwendung zu den *Ewigkeiten* (11[18],7) – zusammen. In Str. [19] klingt das Lied in einer Huldigung an Jesus aus, wobei in Tersteegen-typischer Weise die Züge Jesu und Gottes verschmelzen.

„Unter den zehn [von 111] Liedern, in denen der Dichter ausschließlich das Wir (nicht das Ich) anwendet, ist dieses das ausgesprochenste ‚Wirlied'" (Nelle 1897, 400). Daran ist zweifellos richtig, dass sich der Dichter mit denen, die er als *Kinder* anspricht, im *Wir*, gelegentlich auch im verallgemeinernden *Man*, zusammenschließt; er ist als Pilger mit ihnen zusammen auf dem Weg. Andererseits bleibt doch auch richtig, dass er ihnen, ohne je sein Ich zu thematisieren, gegenübertritt, indem er sie als *Kinder* anredet und sie in der 2. Pers. Imp. Pl. in ihrer Pilgerschaft ermuntert. Das implizite Ich des Dichters ist das des geistlichen Leiters und Begleiters, des Spirituals einer Gruppe.

In einer für das Verständnis dieses Liedes äußerst aufschlussreichen Weise hat Gustav Adolf Benrath[3] das Leben und Wirken Tersteegens in Abschnitte

[3] Zum Folgenden vgl. Benrath 1997, 9–19.

gegliedert und die einzelnen Phasen exemplarisch charakterisiert: 1. „Abkehr von der Welt und Distanz zur Kirche" (1697–1727) – die Abkehr von der Welt prägt das Lied im Ganzen, und die von Tersteegen und seinen Anhängern bekannte Distanz zur offiziellen Kirche ist aus der Rede vom *schmalen Pilgerpfad* (2,2; vgl. Mt 7,14) deutlich heraushören; 2. „Hinwendung zur Diaspora der Frommen" (1727–1746) – diese Haltung, die nach Benrath besonders charakteristisch für die Lebensphase ist, in der Tersteegen sein Pilgerlied geschrieben hat, kennzeichnet genau die Art, in der sich das dichterische Ich an seine Adressaten wendet; 3. „Irdisches Leben als Pilgerschaft" (1747–1756) – das ist exakt das Thema des Liedes, und in auffällig vielen geistlichen Reden dieser Phase entfaltet Tersteegen dieses Thema, wobei er sein eigenes Pilgerlied wiederholt ausdrücklich zitiert.

Die 1. Strophe ruft zum Aufbruch. Die Angaben der Zeit (*Abend*) und der Ortes (*Wüstenei*) stehen symbolisch für die Welt. Weil es *gefährlich* ist, in ihr zu verharren, sollen sich die Frommen von ihr abkehren und zur *Ewigkeit* (d. h. zu Gott, vgl. Deichgräber, 133–136) hinbewegen (vgl. dazu auch EG 481,5). Der Mut, den Pilgerweg zu betreten und immer weiter zu gehen, *stärket* sich aus der finalen Verheißung: *Es ist das Ende gut*, die sich aber schon unterwegs immer von Neuem bewahrheitet: *von einer Kraft zur andern* (vgl. Ps 84,8). Die Strophen 6[11] und [12] führen das näher aus.

Die 2. Strophe ermuntert Zögernde, Zagende und Zweifelnde, auf dem Pilgerweg weiterzugehen. In *gereuen* klingt die Sehnsucht Israels in der Wüste an, nach Ägypten zurückzukehren. *Der schmale Pilgerpfad* ruft Jesu Rede von der *engen Pforte* und dem *schmalen Weg, der zum Leben führt, und wenige sind's die ihn finden* (Mt 7,14), in Erinnerung. Die Frommen leben, auch als Christen unter Christen, in der Minderheit. Der Treue, *der uns gerufen hat*, ist (nach 1. Thess 5,24) Jesus Christus. Ihm, der nach Lukas 9,51 *sein Angesicht* (wandte), *stracks nach Jerusalem zu wandern*, gilt es zu folgen. Im Lied ist *Jerusalem* das Pilgerziel schlechthin – in kirchen- bzw. frömmigkeitsgeschichtlicher und heilsgeschichtlich-eschatologischer Überblendung.

Auch die im EG ausgelassene [3.] Strophe ermutigt zur Fortsetzung der Pilgerexistenz, nun mit Blick darauf, dass sie die Trennung von der äußeren Welt bedeutet. Der Sog bzw. Druck, der den Frommen im *Locken* und *Schelten* der Welt doppelt zusetzt, wird emphatisch negiert (*der Ausgang … / ist uns fürwahr nicht leid*) und durch gesteigerte Entschiedenheit kompensiert (*es soll noch besser gehen / zur Abgeschiedenheit*). *Nein, Kinder, seid nicht bang*, redet der Dichter den ihm Anvertrauten gut zu, sich noch radikaler zu distanzieren: *Verachtet tausend Welten* – darin klingen die unzähligen, aber für Pilger ausgeschlossenen Möglichkeiten an, sich aufhalten und beschweren (vgl. 11[18],4) zu lassen.

Die 3. [4.] Strophe wendet den Blick von der Welt, die den Frommen in tausend Spielarten von außen zusetzt, zur Welt, die ihnen am intensivsten in ihnen selbst begegnet und der sie schroff entgegentreten sollen: *Geht*[4] *der Natur*

[4] Das erste *geht's* (3,1) ist Veränderung des ursprünglichen und sachgemäßen *Geht*.

entgegen ... verlasst die Kreatur ... lasst gar euch selbst dahinten,/ es geht durch Sterben nur! Mit Recht wird (v. a. von Deichgräber, 137–140) darauf aufmerksam gemacht, dass Tersteegen hier theologisch qualifiziert redet: *Natur* ist die „durch Adams Fall ... ganz verderbt(e Natur)“ (Lazarus Spengler, EKG 243,1), *Kreatur* ist das Geschaffene, sofern es den Schöpfer verstellt, statt ihn zu erschließen (vgl. Röm 1,20f). Umgekehrt darf man als Beleg für eine positive Sicht der geschaffenen Welt auch bei Tersteegen an seine kranken Menschen zugewandte medizinisch-pharmazeutische Praxis erinnern. Dennoch kann eine Ethik der Bejahung von Natur und Kreatur auf solchem Boden schwerlich gedeihen.

Die 4. [5.] Strophe setzt verallgemeinernd mit einer in mystischer Tradition formulierten Pilgerregel ein, in der die Jüngerregel Matthäus 10,9f nachklingt. Die Frommen sollen *frei* von Bindungen sein, die sie in Anspruch nehmen, *bloß und wahrlich leer*, d. h. unbelastet von allem überflüssigen Gepäck und Gepränge. Sie sollen sich mit dem Notwendigsten begnügen: *Wer will, der trag sich tot!*[5]

Die 5. [6.] Strophe blendet die tatsächliche Sesshaftigkeit der Frommen in die Vorstellung des pilgernden Unterwegsseins ein. Sie plädiert gegen eine äußerliche Lebenskultur dafür, das fromme Herz zu kultivieren. Darin klingen Paränesen vor allem aus 1. Petrus nach (3,3, sodann 2,11: *Fremdlinge und Pilger*). Unwillkürlich denkt man an die Pilgerhütten, an Tersteegens eigene bescheidene Bleibe in Mülheim und an die Otterbeck[6]. *Gemach bringt Ungemach* – in scharfer poetischer Prägung ergeht die Warnung, sich auf Dauer behaglich einzurichten: *Wir sind hier femde Gäste/und ziehen bald hinaus.*

Die folgenden vier Strophen fehlen im EG. Die [7.] kehrt zur Vorstellung des Weges zurück und treibt an: *Nur fort*! Der Dichter warnt vor Ablenkungen, die *die leichten Sinne* in Bann ziehen und verstricken können. Mit *Kinderspiel* bewertet er sie als unernst, belanglos. Denkt er an Kunst und Kultur? Christen sollen sich raushalten und abschirmen, es geht sie nichts an. Eine Ethik der Weltbejahung und -verantwortung verträgt sich damit nicht.

Ist gleich der Weg 'was enge in Str. [8] erinnert an das Motiv des „schmalen Weges“ (2,2). Hier geht es aber nicht nach Matthäus 7,14 um die Existenz als Minderheit. Thematisiert werden Widrigkeiten, Entbehrungen, Leiden in der Nachfolge Jesu (*Dornen in der Menge / und manches Kreuzchen*). *Es ist doch nur ein Weg*: Die Sentenz tröstet implizit, es komme doch nicht auf den Weg, sondern nur auf das Ziel an. *Und brechen durchs Geheg* formuliert originell die Vorstellung, sich durchzuschlagen – z. B. durchs Unterholz, durch einen zugewachsenen Weg – und letztlich ins Freie zu gelangen.

Die Strophen [9] und [10] bringen den ersten Teil des Liedes zum Abschluss. Sie beschreiben das wechselseitige Verhältnis der Pilger und der Welt, in der sie unterwegs sind, nahezu gleichlautend: *Was wir hier hör'n und sehen,/ das*

[5] „Kein anderes Lied Tersteegens ist so reich an solchen schlicht und scharf geprägten Aussprüchen, kaum ein anderes ist durch einen so kurzen Satzbau ausgezeichnet“ (Nelle 1897, 400) – eine Sentenz, der auch heutige Rucksackpilger viel abgewinnen können.

[6] Legendäre „Pilgerhütte“ einer von Tersteegen begründeten und betreuten Kommunität.

hör'n und sehn wir kaum ([9],1–2) und: *Man siehet, kennt und höret / uns kaum im fremden Land* ([10],3–4): Man nimmt sozusagen keine Notiz von- und entwickelt kein Interesse aneinander. Die Frommen sind exklusiv auf das *Ew'ge*, auf *Gott* als einzig relevante Wirklichkeit und als Ziel ihres Weges hin orientiert ([9],4–8 mit Anklang an Phil 3,20), sodass sie in der Welt *veracht't und unbekannt* sind ([10],2). Durch eines allerdings fallen sie doch auf: *Und höret man uns ja,/ so höret man uns singen / von unsern großen Dingen,/ die auf uns warten da* ([10],5–8). Schon Plinius d. Ä. fielen die Christen durch ihren Gesang auf; ganz still sind auch die Stillen im Lande nicht.

Im zweiten Teil des Liedes werden die Pilger vorwiegend nicht mehr negativ ermahnt, sich von der Welt fernzuhalten, sondern positiv bestärkt: in ihrer Bindung an Gott (Str. 6[11–13]), in ihrem Dasein füreinander (Str. 7–8[14–15]) und in ihrer Zielstrebigkeit (Str. 9–10[16–17]).

Str. 6 bzw. [11–13] sprechen von der Gegenwart Gottes auf dem Pilgerweg: *Kommt, Kinder, lasst uns gehen,/ der Vater gehet mit* (6[11],1–2). Die *Kinder* sind also Kinder dieses Vaters, der dauernd mitgeht, bei Bedarf beisteht und dann und wann (vgl. 1,7: *von einer Kraft zur andern*) Motivationsimpulse setzt: *Er will uns machen Mut,/ mit süßen Sonnenblicken / uns locken und erquicken.* Zu einem geflügelten Wort in pietistischen Kreisen ist der Seufzer *Ach ja, wir haben's gut!* geworden.[7] *Es ist das Ende gut*, hatte 1,8 prophezeit. Was für die Ankunft erhofft wird, vergegenwärtigt sich je und dann bereits unterwegs.

Str. [12–13] hat das EG übergangen. Als biblisches Lehrstück wird in Str. [12] zunächst die Erzählung aufgerufen, dass Gott in der Wüste (vgl. 1,4) vor seinem aus Ägypten befreiten Volk herzog, tagsüber in einer Wolkensäule, nachts in einer Feuersäule (2. Mose 13,21). *Schaut auf die Feuersäule,/ die Gegenwart des Herrn!* Auf dem christlichen Pilgerweg ist dies natürlich kein äußeres Sehen, wie in mystischer Sprachtradition ausgeführt wird. Dem *eingekehrten* Auge *winket* die *Liebe*, die *dem, der folgt und* [nieder- bzw. ver-] *sinket,/ den wahren Ausgang lehrt.* Im „wahren Ausgang" sind der Exodus der Christen aus der sie verstrickenden Welt (vgl. 3,1) und das Ziel ihres Pilgerwegs, die Ewigkeit, zusammengeschaut.

Nach Str. [13] wirkt sich die mystische Erfahrung der Gottesgegenwart in einer völligen Hingabe an den Willen Gottes aus. In die Charakterisierung von *des süßen Lammes Wesen* fließen Züge aus Jesaja 53,7.9 cit. 1. Petrus 2,22f ein. Das Bild einer willenlosen Ergebenheit, in der *die Lämmer vor sich sehen* (*wie kindlich, wie gebückt, wie sanft, gerad und still*)*/ und ohne Forschen gehen / so, wie ihr Führer will*, ist frömmigkeitsgeschichtlich erklärbar, wäre aber als Leitbild christlicher Existenz heute schwer erträglich, sowohl binnenkirchlich als auch für die Beziehung der Gemeinde zur Welt, in der sie existiert. Es wird deutlich: Die Aufhebung der Mensch-Gott-Relation in der mystischen Verschmelzung zieht die Aufhebung zwischenmenschlicher Beziehungen nach sich. Mystik vereinzelt – aber nur vorläufig und zeitweilig, wie die Fortsetzung, heilsam korrigierend, sogleich zeigt.

[7] Vgl. dazu Nelle 1897, 400; dieses und weitere Beispiele aaO., 401f.

Kommt, Kinder, lasst uns wandern, setzt Str. 7[14] in Variation der 1. und 6.[11.] Strophe neu ein. Nun, in den Strophen 7–8[14–15], geht es um die Sozialität der Pilgerexistenz, die im Zeichen der Freude aneinander und des Friedens untereinander steht. Wo man der Welt abgesagt hat, entschädigt die Gemeinschaft der Frommen für vieles. *Kommt, lasst uns kindlich sein,/ uns auf dem Weg nicht streiten* ist nach den Worten formuliert, die Josef an seine zum Vater heimziehenden Brüder richtet (1. Mose 45,24). *Die Engel uns begleiten / als unsre Brüderlein* – so der ursprüngliche Wortlaut – erinnert einerseits an Psalm 91,11f; Tobias 5,23, andererseits an das altchristliche Ideal der Anachoreten und Koinobiten, schon auf Erden ein engelgleiches Leben zu führen.

In der 8. [15.] Strophe geht es um tätige, uneigennützige Nächstenhilfe. *Fallen* ist im Pilgerkontext gewiss auf den Glauben zu beziehen: auf drohendes Stocken und Straucheln, Verirrung und Abfall. Aber natürlich geht es auch allgemeiner um allerlei Unterstützungsbedürftigkeit und Hilfsbereitschaft, Solidarität, Versöhnlichkeit. *Kommt, bindet fester an*: Zurückbleibende sollen aufschließen, Vorauseilende die Langsameren aufrücken lassen. *Ein jeder sei der Kleinste* könnte nach Matthäus 18 (vgl. V. 1–5) gebildet sein. *Auf unsrer Liebesbahn* signalisiert noch einmal: Zur Welt hin – und zwar nach außen und nach innen – herrscht Abgeschiedenheit, unter den in dieser Abgeschiedenheit Verbundenen aber Liebe.

Kommt, lasst uns munter wandern, so variiert die 9. [16.] den Beginn der 7. [14.] Strophe. Nun wird den Pilgern in Aussicht gestellt, bald am Ziel zu sein (vgl. dagegen in anderer Perspektive [12],2: *wir sind vom Ziel noch fern*). Das wiederholte *nur noch ein wenig* zitiert den Redegestus Jesu in den johanneischen Abschiedsreden: *Noch eine kleine Weile* (Joh 16,16ff). Der kürzer werdende Pilgerweg ist hier aber der aufs Sterben hin führende Lebensweg jedes Einzelnen. Um so angespannter – und nicht etwa lässiger – soll das Pilgerethos sein.

Es wird nicht lang mehr währen vertieft das *Bald* von Str. 9[16] in Str. 10[17] und führt es weiter, zunächst in der Ermahnung: *Halt'*[8] *noch ein wenig aus!* sodann in der Verheißung: *So kommen wir nach Haus.* In *Da wird man ewig ruhn* klingt das Motiv der ewigen Ruhe aus der Totenmesse an, auf weitere Sicht auch der „ewige Sabbat", auf den die Erklärung des Sabbatgebots in Frage 103 des Heidelberger Katechismus zu sprechen kommt, und die Vorstellung von der „Ruhe … für das Volk Gottes" Hebräer 3,7–4,11 nach Psalm 95,7–11. *Wie wohl, wie wohl wird's tun!* Die steigernde Wiederholung in dem Seufzer, der *Es ist das Ende gut!* (1,8) und *Ach ja,wir haben's gut!* (6[11],8) variiert, erhöht seine parakletische Wucht.

Str. 11[18] resümiert: *Drauf wollen wir's denn wagen.* Dass es *wohl wagenswert* sei, darf nun durch die Strophen 6–11 bzw. [11–17] als erwiesen gelten. Jetzt wird noch einmal der erste Teil des Liedes (1.–6. bzw. [1.–10.] Str.) erinnert: *und gründlich dem absagen,/ was aufhält und beschwert.* Der *Welt* wird ins Gesicht abgesagt: *du bist uns zu klein* – im Vergleich zu *unsern großen Dingen,/ die auf*

[8] Anders als in EG 393,10 (sg. *halt'*) muss es pl. *halt't* heißen.

uns warten da ([10],7–8); das sind die *Ewigkeiten*, in die der Pilgerweg mündet. Die Losung lautet: *Es soll nur Jesus sein.*

Ihm, dessen Leitung sie sich exklusiv anvertraut hat, huldigt die Pilgerschar in einer Schlussdoxologie. Die [19.] Strophe fehlt im EG. Indem sie Jesus, dem *Freund*, huldigt, huldigt sie – ausweislich des dreifachen O – in der Sprache der Mystiker dem dreifaltigen Gott.[9] *Wie reizest du den Mut!* Darum ging es hier: um die im Medium eines Liedes ergehende, letztlich aber von Gott selbst gewirkte Ermutigung, auf dem Glaubensweg fortzuschreiten, nicht stehen- oder zurückzubleiben oder ganz von ihm abzukommen. Das Lied klingt in biblisch inspiriertem Jubel aus (vgl. z. B. Phil 4,4; Apg 17,28).

Martin Evang

[9] Damit erledigt sich die Überlegung von Nelle 1897, 401, der Jesus und Gott alternativ setzt. Für Tersteegen ist das eins.

407 Stern, auf den ich schaue

EG 407 EM 374

Text

Verfasser Cornelius Friedrich Adolf Krummacher **Quelle** *Harfenklänge* (Adolf Krummacher), Berlin 1857 **Überschrift** *Eins und Alles* **Strophenbau** 6/3a- 5/3b 6/3a- 5/3b 6/3c- 5/3d 6/3c- 5/3d vgl. Frank 8.2 **Abweichungen** EM: 2,6 *würde* mir; 3,5 neuem *Singen* **Verbindung TM** in der Q ohne N * J.O. Hillyer 1937; Wiard Popkes 1953; Marion Warrington 1986

Melodie

Incipit 3_.42_-7b_ 1__-5_ **Verfasserin** Wilhelmina Amalie Koch **Entstehung** 1887 lernte Koch das Gedicht kennen, dessen Autor der Schwiegervater ihres Bruders war, und fand die Melodie beim Meditieren über das Gedicht am Klavier **Quellen** [(a) Liedblatt des Erziehungsvereins in Elberfeld (s. HEG II – 1897? s. EG)] * (b) *Große Missionsharfe, Zweiter Band. Geistliches Liederbuch für Gemischten Chor, sowie Klavier- oder Harmonium-Begleitung* (H.G. Emil Niemeyer), Gütersloh [3]1906 **Ambitus** G: 11; Z: 6453557b3 **Abweichung** EM: mit 1st. Satz (1953)

Literatur

HEG II, 183.187 ** ThustB, 354f ** KRUMMACHER, Theodor: Erinnerungen aus Amt und Haus, Berlin **1937** * BRUPPACHER, Theophil: Was töricht ist vor der Welt. 48 Gemeinschaftslieder erläutert, Bern **1959**, 235–237 * BRUPPACHER, Theophil: Stern, auf den ich schaue. Gedanken zu Liedern des Pietismus, Berlin **1968**, 170–172 * SCHÖNBORN, Hans-Bernhard: Geistliche Lieder des 19. Jahrhunderts und ihre Bilder, JLH 25 (**1981**) 116–119 * AUEL, Hans-Helmar: Zur Diamantenen Konfirmation: „Stern, auf den ich schaue" (EG 407), in: ders., Konfirmationsjubiläen, Göttingen **1997**, 70–75 * BASSE, Michael/ JÄHNICHEN, Traugott/ SCHROETER-WITTKE, Harald (Hg.): Protestantische Profile im Ruhrgebiet. Fünfhundert Lebensbilder aus fünf Jahrhunderten, Kamen **2009**, 229f * HERLE, Helmut: Stern, auf den ich schaue, in: Anette Müller/ Lutz Müller (Hg.), Ein Stern kommt auf die Erde. Die spirituelle Symbolik von Weihnachten, Stuttgart **2009**, 113–115 * MARTINI, Britta: Historische Distanz und emotionale Nähe zu Kirchenliedtexten, JLH 48 (**2009**) 199–208, bes. 202f

Stern, auf den ich schaue veröffentlichte Cornelius Friedrich Adolf Krummacher 1857 in seinem Gedichtbändchen „Harfenklänge". Als Lied, vertont von Mina Koch, ist es erst 1897 – auf einem Elberfelder Einzelblatt – erschienen und hat sich dann rasch verbreitet. Wiederum vierzig Jahre später führt Krummachers Sohn Theodor in seinen „Erinnerungen" das „viel gesegnete Lied" des Vaters mehrfach an, und er nennt es ein „Bekenntnislied" (146.148).

Diese Charakterisierung entspricht der Intention des Verfassers, steht der Text doch als Kopfgedicht auf Seite 1 seiner Gedichtsammlung, bekenntnishaft überschrieben mit „Eins und Alles“. Den gleichen Akzent setzt die von Adolf Krummacher gewählte, im 19. Jh. sehr verbreitete Strophenform mit trochäischen Versen: „Betont einsetzende Verse wirken fester, bestimmter, kräftiger und eindringlicher als jene mit leichtem Auftakt. Ihr Ausdruck kann spruchhaft, eindringlich, ja beschwörend sein“.[1] Die Überschrift nimmt eine seinerzeit verbreitete Formel auf: „Eins und alles“ steht für den religionsphilosophischen Versuch, Gottes- und Weltbild im Sinne des Pantheismus neu zu bestimmen.[2] Unser Autor aber möchte das Bekenntnis eines Nachfolgers Jesu Christi zu Gehör bringen.

Diese Interpretation des Zusammenhangs von Überschrift und Inhalt wird dadurch unterstrichen, dass Adolf Krummacher, reformierter Hofprediger in Halberstadt, im gleichen Jahr 1857 eine Neuedition des Heidelberger Katechismus herausgab.[3] Dessen Frage 1 „Was ist dein *ein*iger [= einziger] Trost im Leben und im Sterben?“ wird dort beantwortet mit: „Daß ich mit Leib und Seele, beides im Leben und im Sterben, nicht mein, sondern meines getreuen Heilandes Jesu Christi eigen bin; der mit seinem teuern Blut für *alle* meine Sünden vollkömmlich bezahlet und mich aus *aller* Gewalt des Teufels erlöset hat; darum ich auch in seinem Namen getauft bin und ein Christ genannt werde“ (S. 5; Hervorhebung G. B.). Und wenn alle drei Strophen des Liedes mit *Alles, Herr, bist du* enden, so ist damit in gut reformierter Tradition niemand anderes als Christus gemeint. Erörtert doch der Katechismus zum Stichwort „Christus“ dezidiert die Frage: „Warum nennst du ihn unsern *Herrn*?“ (Frage 34)

Der Liedtext bedient sich zum Thema Nachfolge Christi des Pilgermotivs. Es ist im evangelischen Raum spätestens seit dem Pietismus und besonders auch in der Erweckungsbewegung, der unser Autor zuzuordnen ist, überaus beliebt.[4] Schon die Kopfzeile *Stern, auf den ich schaue* deutet darauf hin. Ob damit indirekt auf den aus der Weihnachtsgeschichte bekannten Stern (Mt 2,2.9f) angespielt wird, kann offen bleiben. Auf jeden Fall gilt: Mit Jesus, dem – wie ihn andere Dichter benannten – „Leitstern“[5] ist dem Pilger gewissermaßen die lebenswichtige „Himmelsrichtung“ vorgegeben.[6]

[1] Horst Joachim Frank, Wie interpretiere ich ein Gedicht?, Tübingen/Basel [6]2006, 26; vgl. ders., Handbuch der deutschen Strophenformen, Tübingen/Basel [2]1993, 563f.

[2] Vgl. Christoph Jamme, Art. Pantheismus II. Philosophisch, in: TRE 25, 630–635, bes. 632f; Erwin H. U. Quapp, Art. Pantheismus III. Theologiegeschichtlich, ebd. 635–641. Auch von Johann Wolfgang Goethe (Werke, München/Wien 1981, Bd. 2, 128f), Heinrich Hoffmann von Fallersleben und – später – von Christian Morgenstern gibt es Gedichte mit dieser Überschrift.

[3] Der kleine Heidelberger Katechismus. Mit beigedruckten Schriftsprüchen und mit Erweiterungen aus dem großen Katechismus zum Gebrauch beim Konfirmandenunterricht herausgegeben von Dr. Adolf Krummacher, Berlin 1881; benutzt wurde die Ausgabe, Berlin [7]1909.

[4] Näheres s. Wilhelm Kahle, Pilgerschaft und Wallfahrt in der Geschichte evangelischer Frömmigkeit, Zeitschrift für Religions- und Geistesgeschichte 16 (1964) 314–332. – Jobst Reller, „Laßt uns hinauf gen Bethel ziehen“. Pilgern und Wallen in der deutschen Missionsbewegung des 19. Jahrhunderts: Eine Blütenlese, Evangelische Theologie 71 (2011) 49–64.

[5] Vgl. das bei Krummacher nachklingende Neujahrslied von Benjamin Schmolck: *Jesus soll die Losung sein* (EG 62,3): *Geht uns dieser* Leitstern *für, so wird a l l e s wohl bestehen und durch seinen Gnadenschein a l l e s voller Segen sein.*

[6] Die Verwendung des Motivs ist keineswegs auf den Kontext Kirchenjahr beschränkt; vgl.

Und der Pilger hält zugleich inne. Er stellt fest, dass er in der Nachfolge Jesu auch festen Boden unter den Füßen hat: Er ist der *Fels, auf dem ich steh.* Dieses – u. a. auf Psalm 40,3 zurückgehende – Bild erfreute sich großer Beliebtheit. Wir finden es z. B. auch in Ernst Moritz Arndts *Ich weiß, woran ich glaube* (EG 357, dort Str. 4: *Das ist das Licht der Höhe,/ das ist der Jesus Christ,/ der Fels, auf dem ich stehe*) und bei Philipp Spittas *Ich steh in meines Herren Hand* (EG 374, dort Str. 2: *Er ist mein Fels, ein sichrer Hort*). Krummacher selbst verwendet diese Metapher in seinem Gedicht „Das Wort Gottes": „Der Felsen ist das alte Bibelwort" (Harfenklänge 27). Dank des christologischen Bezugs (Joh 1,14!) ergänzen sich beide Anwendungen des Bildes gegenseitig: der *Fels*, die Lebensbasis, ist Christus, geoffenbart im Wort Gottes und als Wort Gottes.[7]

Auch die nächsten beiden Verse gehören zusammen: Der weitere Lebensweg ist dadurch gekennzeichnet, dass der Pilger Jesus als seinem *Führer* ver*trauen* darf und – das Bild wechselt – in ihm eine verlässliche Stütze (*Stab*) für den Lebensweg hat. Leider ist das Wort „Führer" im jetzigen Sprachgebrauch durch Führerprinzip und Führerkult der nationalsozialistischen Epoche kontaminiert. Bei der heutigen Nutzung dieses Liedes wird ein Hinweis auf zwei wichtige Bibelbezüge hilfreich sein. Ein Christ kann der Führung Gottes vertrauen dank der Aussage und Zusage Jesu, des *guten Hirten* an seine ihm nachfolgenden Jünger: *Meine Schafe hören meine Stimme, und ich kenne sie, und sie folgen mir; und ich gebe ihnen das ewige Leben, und sie werden nimmermehr umkommen, und niemand wird sie aus meiner Hand reißen* (Joh 10,11.27f). Und es wird in dieser Strophe mehrfach auf den allseits bekannten Hirten-Psalm 23 angespielt – schon beim Stichwort *Stab* (Ps 23,4), dann mit *Führer* auf *er führet mich zum frischen Wasser ... er führet mich auf rechter Straße* (V. 2f) und schließlich im folgenden Zeilenpaar. Dort wird das unterwegs Lebensnotwendige benannt: *Brot*, *Quell* und *Ruh*e, also Speise und Trank und notwendige Pausen (s. Ps 23,5 und 2), Bilder ebenso für das geistlich stets Notwendige. Die erste Strophe zeigt auch poetische Feinheiten. Außer den üblichen Endreimen finden sich im ersten Verspaar kreuzweise angelegte Stabreime: St(ern) – F(els) – F(ührer) – St(ab). – Der vorletzte Vers greift erkennbar auf Philipper 3,13f zurück: *Eins* [!] *aber sage ich: Ich vergesse, was dahinten ist, und* [„erstrebe"] *strecke mich aus nach dem, was vorne ist, und jage nach dem vorgesteckten Ziel* [!], *dem Siegespreis der himmlischen Berufung Gottes in Christus Jesus.* Der Pilger sieht Christus als Weg*führer* vor sich und hat ihn als *Ziel* im Blick. Zusammengefasst: Der Christ als Pilger verdankt dem „Herrn" Wegweisung, Lebensbasis, Leitung, Halt, Nahrung und Ruhe unterwegs, und er erwartet ein Wiedersehen mit ihm in der Ewigkeit.

etliche *Morgenstern*-Lieder (s. HEG I, 331). Auch Adolf Krummachers Vater Friedrich Wilhelm verwendete es in seinem Missionslied *Du Stern in allen Nächten*, u. a. zu finden *Reichslieder* (Ausgabe 1931, 471).

[7] Vgl. die – gestufte – Verwendung beider Aspekte bei Philipp Spitta: *Er ist ein Fels, ein sichrer Hort,/ und Wunder sollen schauen,/ die sich auf sein wahrhaftig Wort / verlassen und ihm trauen* (EG 374,2).

Die zweite Strophe reflektiert mit einem dreifachen *Ohne dich* die unmögliche Möglichkeit eines Christenlebens ohne Jesus Christus. Die leitmotivische Wendung ist in der Poesie der Romantik vielfach belegt. In unserem Fall dürfte es sich um eine Reminiszenz des Jesus-Liedes „Die Segnungen des Erlösers“ von Novalis[8] handeln. Es war – wenn auch oft verändert und gekürzt – in einigen Gesangbüchern jener Zeit zu finden, u.a. im Berliner Gesangbuch von 1829, dort in der Version: *Was wär ich ohne dich, und ohne dich, was würd' ich seyn?* (Nr. 556) Krummacher könnte das Lied bereits in seinen frühen Wuppertaler Jahren kennengelernt haben, stand es doch seit 1808 – mit allen 10 Strophen – im Bergischen Gesangbuch (Nr. 369).[9] Krummachers Anwendung der Formel *Ohne dich* beginnt mit der für jeden Menschen geläufigen und häufigen Frage: Woher bekomme ich angesichts herausfordernder Situationen und Notlagen *Kraft und Mut*? Seine „indirekte“ christliche Antwort lautet: Nur vom Herrn Jesus Christus. Als biblischer Hintergrund schimmert Johannes 15,5 durch: *Ohne mich könnt ihr nichts tun.* – Danach ist von einer schweren *Bürde* die Rede. Dabei dürfte es nicht um ein allgemeines Lastentragen (Mt 11,29f, so Schönborn 117) gehen, die Antwort darauf ist ja in den vorherigen Versen bereits gegeben. Es handelt sich bei der *Bürde* um die Last der Sünde, die nur dank des Erlösungswerks Jesu Christi von uns genommen wird, *wer nähme* sie sonst auf sich, also den Menschen ab, *wer?*, wenn nicht Christus?

In den Kategorien klassisch-reformierter Dogmatik lassen sich die beiden ersten Gedanken der Strophe 2 den ersten beiden der drei Ämter Christi zuordnen: Er ist der „König“, der *Kraft und Mut* verleiht, und der „Priester“, der uns von der *Bürde* der Sünde befreit. Näheres dazu ist in der die Ämter Christi erörternden Frage des Heidelberger Katechismus zu finden – von Krummacher in seiner Ausgabe mit zahlreichen Bibelstellen untermauert (S. 19ff).[10] Die dritte Aussage *Ohne dich zerstieben würden mir im Nu / Glauben, Hoffen, Lieben* wäre demnach – nicht ganz so eindeutig – dem dritten „Amt Christi“ zuzuordnen, dem des „Propheten“.

Die Trias *Glauben, Hoffen, Lieben* entwickelt allerdings eine eigenständige Dynamik. Jene auf 1. Korinther 13 zurückgehende Wendung gehört zu den beliebtesten Bibelzitaten und ist – gerade im 19. Jh. – in jeder Art von Poesie anzutreffen, oft als Element der Gliederung, nicht selten aber auch eher floskelhaft. Wir finden sie in geistlichen Liedern und religiösen Gedichten, in Sprüchen für Poesiealben, aber auch in säkularen Texten wie Vaterlands- und Burschenschaftsliedern und Reimereien für Polterabende. Weitverbreitet war z. B. das – in mehreren zeitgenössischen Gesangbüchern zu findende – Lied *Mag auch die Liebe weinen* des Großvaters unseres Autors, Friedrich Adolf

[8] Die Segnungen des Erlösers, zuerst in: Musenalmanach, Tübingen 1802.

[9] S. Nelle, 209. – Eine nur noch dreistrophige Version findet sich im DEG (1915ff) Nr. 207.

[10] Vgl. Jan Rohls, Theologie reformierter Bekenntnisschriften. Von Zürich bis Barmen, Göttingen 1987, 118: „Christus oder Gesalbter ist der Sohn Gottes, insofern er vom Vater zum König, Priester und Propheten gesalbt ist.“

Krummacher, das der Enkelsohn sicher gekannt hat.[11] Die Formelhaftigkeit der Wendung und ihre Beliebtheit in der Rezeption ist das eine – sinnigerweise findet sich im EG unser Lied in der Untergruppe „Geborgen in Gottes Liebe" der Rubrik „Glaube – Liebe – Hoffnung". Inhaltlich ist sie in *Stern, auf den ich schaue* keineswegs fehl am Platze, im Gegenteil. Tägliche Kraft, Lebensmut, Gewissheit der Sündenvergebung und die ewige Dauerhaftigkeit, das „Bleiben" (1. Kor 13,13) von *Glauben, Hoffen, Lieben*, wenn auch sonst vieles *im Nu* in Staub zerfallen (*zerstieben*) mag – all das verdankt der Christ dem, der auch dies alles verkörpert: Auch das *alles, Herr, bist du.*

Nach den bekenntnishaften Details in den beiden ersten Strophen zieht der Pilger in Str. 3 Bilanz (*Drum so*), in erzählendem Ton. Er *will* und wird weiter unterwegs sein, will Wallfahrer bleiben, *bis* er am Ziel ist. (Das im Kontext des Pilgermotivs, aber auch in Wanderliedern früher allseits bekannte Verb *wallen* ist heute noch im Begriff „Wallfahrt" präsent.) Die zeitliche und eschatologische Kategorie der Vollendung des Lebensweges wird im Bild vom Glockenläuten veranschaulicht. Damit wird einerseits auf das bei Beerdigungen übliche, zugleich memento mori und Trauer symbolisierende Läuten des Totenglöckchens angespielt. Andererseits aber geht hier jenes schlichte „Bimmeln" über in ein Festgeläute (*Glocken schallen*), mit dem der Pilger in der Ewigkeit begrüßt wird. Dass Krummacher auf ein jedermann vertrautes „Klangbild" zurückgreift (und nicht wie sonst auf biblische Bilder), kann man als Einladung zum Einstimmen verstehen. Der Sänger ist *daheim* angekommen, im „himmlischen Jerusalem" (Hebr 12,22; vgl. 13,14). Und dort wird er einstimmen in das Lied der Erlösten: „Sie sangen ein *neues* Lied" (Offb 5,9); das irdische „Singen" – der mögliche Reim wird nicht verwendet! – wird abgelöst von einem *neuem Klingen*: *jauch*zend, *froh*lockend.[12]

Ein persönliches Bekenntnis bündelt das Lebensergebnis: *Nichts hab ich zu bringen,/ alles, Herr, bist du!* Damit wird nicht etwa eine negative Lebensbilanz gezogen (ich – nichts, du – alles), sondern festgehalten, was ein Leben reich macht: Alles, was ein Christ ist und kann und bewältigt hat, verdankt er im tiefsten Sinne exklusiv dem Einen, dem er das zeitliche Leben und den Eingang ins ewige Leben verdankt (vgl. 1. Kor 4,7). Auch wenn zwischen der Bedeutung Paul Gerhardts und Adolf Krummachers für das Kirchenlied Welten liegen – in der Sache hat Krummachers Sohn Theodor recht, wenn er seine „Erinnerungen" (S. 148) mit zwei sich wechselseitig interpretierenden Liedzitaten abschließt, „mit großer Dankbarkeit für Gottes Gnade, mit dem Rückblick, dem Paul Gerhardt Ausdruck gibt in den Worten: ‚An mir und meinem Leben / Ist nichts auf dieser Erd',/ Was Christus mir gegeben,/ Das ist der Liebe wert' und mit dem Ausblick, mit dem mein Vater sein Bekenntnislied schließt: ‚Drum,

[11] (1) *Mag auch die Liebe weinen,* (2) *Mag auch der Glaube zagen,* (3) *Mag Hoffnung auch erschrecken.* – Auch in dem oben angeführten Lied von Novalis *Was wär ich ohne dich gewesen?* sind die drei Begriffe, über mehrere Strophen verteilt, eingearbeitet.

[12] Zur Koppelung von *Jauchz* und *froh* vgl. Jes 44,23; 55,12 (sowie – aus heutiger Perspektive – den Eingangschor *Jauchzet, frohlocket* aus Bachs Weihnachtsoratorium).

so will ich wallen meinen Pfad dahin,/ Bis die Glocken schallen und daheim ich bin./ Dann mit neuem Klingen jauchz' ich froh Dir zu:/ Nichts hab' ich zu bringen, alles, Herr, bist Du!'"

„Dieses Lied zeigt", so bilanziert Schönborn (zunächst positiv; 117f), „weshalb Kirchenlieder aus dem 19. Jahrhundert bei den Gemeinden großen Anklang finden; zum einen wird der Gottesdienstbesucher durch die Ich-Form unmittelbar mit einbezogen; zum andern vermittelt die vertrauliche Ansprache Jesu mit *du* eine persönliche Verbindung zum Heiland. Schließlich glaubt man in den vielen Anspielungen des Liedes den Zuspruch zu finden, den die Gemeinde in ihrer heutigen Situation braucht, da sie beständigen Anfechtungen und Anfeindungen ausgesetzt ist."[13] Auf einen ähnlichen Aspekt verweist Britta Martini: „Gelingt eine Verbindung in Form einer Anknüpfung oder gar völliger Identifikation, kann emotionale Nähe zu einem Kirchenlied entstehen. Ein gutes Beispiel hierfür sind die Lieder *Stern, auf den ich schaue* und *So nimm denn meine Hände* - Lieder, deren Ichs in bestimmten Milieus zu Hause sind und die von Angehörigen dieser Milieus wiedererkannt werden."[14] Dem sei hinzugefügt: Das dreifache *Alles, Herr, bist du* erinnert daran, dass das Lied nicht - subjektivistisch - um ein Ich kreist, sondern ein Bekenntnis ist, persönlich und zugleich in erkennbarem, also im doppelten Sinne „bekanntem" Bezug auf die Grundlagen, genauer zum „Herrn" christlichen Glaubens und Lebens.

Das Lied ist - ähnlich wie die zeitgleichen *Harre, meine Seele* und *So nimm denn meine Hände* - lange Zeit aus dem Kanon der Kirchenlieder ausgeschlossen geblieben; poetologische und musikalische Bedenken haben eine Aufnahme in approbierte landeskirchliche Gesangbücher verhindert. - Der Separatdruck 1897 mit der Vertonung von Mina Koch hingegen wurde zu einem Bestseller.[15] Eine gesonderte Rezeption gab es in der Schweiz; dort wurde dem Text 1903 eine aus Amerika stammende Lehnmelodie zugewiesen.[16] Seit der Aufnahme in die „Große Missionsharfe" 1906 und das in vielen Auflagen erschienene Liederbuch der Gemeinschaftsbewegung „Reichslieder" 1909 fand das Lied seinen festen

[13] Wenig zutreffend und offenkundig gegen eine weitere Rezeption des Liedes gezielt erscheint mir jedoch die dann folgende Einschätzung, „daß sich durch die vielen Andeutungen auch Ungereimtheiten und Widersprüche ergeben und daß hier mehr mit den Gefühlen, wie sie der Heimatroman oder Volkslieder wie *Im schönsten Wiesengrunde* erregen, als mit dem Heil in Christus gearbeitet wird" (118; vgl. seine Zusammenfassung der vier von ihm analysierten Lieder [119]: „ein solches Durcheinander von Bildern und Anspielungen und so viele Widersprüche und Ungereimtheiten" - ein Urteil, dem ich nicht zu folgen vermag, weder im Blick auf die inhaltlichen noch die sprachlichen Aspekte).

[14] Martini, 202f.

[15] [Karl Möbius], Der evangelische Buchhandel, Stuttgart 1961, 96 (s.v. Buchhandlung des Erziehungsvereins, Wuppertal-Elberfeld). - Eine Bearbeitung für Männerchöre folgte Elberfeld 1902.

[16] S. Bruppacher, 235-237, mit Hinweisen auf diverse entsprechende Liederbücher. Die von Bruppacher überschwänglich gelobte [Lehn-]Melodie stammt von J. O. Hillyer und wurde für Krummachers Text zuerst verwendet in „Lieder zur Ehre des Erretters. Vereinslieder des Blauen Kreuzes", Bern ^{8}1903, Nr. 126.

Platz in allen der Erweckungsbewegung zuzuordnenden Gruppen, Jugend- und Gemeinschaftsverbänden und Freikirchen. Es ist – vom Erstdruck 1897 bis heute – in nahezu 200 verschiedenen Liederbüchern und -heften nachzuweisen. Im Zuge der restaurativen Singbewegung wurde das Lied allerdings aus etlichen Liederbüchern gelöscht.

In landeskirchlichen Gesangbüchern war es – vor dem EG – ohnehin nur spärlich vertreten. Dabei war es insbesondere als Konfirmationslied „weit verbreitet", wie bereits 1929 das Standardlexikon „Die Religion in Geschichte und Gegenwart" notiert.[17] Hier hat es bis heute seinen besonderen Sitz im Leben, nun vornehmlich bei Goldenen und Diamantenen Konfirmationsjubiläen, wie ein Blick ins Internet und in einschlägige Veröffentlichungen zeigt (Auel; Herle). – Nicht zuletzt regionale Gründe dürften dazu geführt haben, dass es in einigen Kirchengebieten nach 1930 einen Platz in Gesangbüchern fand. So in der DEG-Ausgabe für die Provinz Sachsen und Anhalt, also die Heimatkirche Krummachers, dort (Nr. 519) in der illustrierten Ausgabe von 1933 mit einem Holzschnittporträt des Verfassers. Auch in die Ausgabe für Rheinland und Westfalen (also dort, wo das Lied zuerst erschien) wurde es 1930 aufgenommen, im Anhang (Nr. 58) „Geistliche Volkslieder" mit dem damaligen Sperrvermerk „Nicht für den Gemeindegottesdienst", ebenfalls in die Oldenburger DEG-Ausgabe (Nr. 417) und schließlich (1959) in das Ergänzungsliederbuch der Evangelisch-reformierten Kirche in Nordwestdeutschland[18]. – Bei den EKG-Ausgaben fand es erst 1969 seinen Platz, nämlich im zuletzt erschienenen „Liederteil für Rheinland, Westfalen, Lippe und für die Evangelisch-reformierte Kirche in Nordwestdeutschland" (Nr. 527). Als Musterbeispiel für die sowohl regional- als auch frömmigkeitstypische Verankerung des Liedes darf die öffentlich bekundete Sympathie für dieses Lied durch den „Wuppertaler" Bundespräsidenten Johannes Rau gelten.[19]

Die Aufnahme in den Stammteil des EG geht vor allem zurück auf die feste Verankerung des Liedes in jenen Kirchengebieten und Frömmigkeitsmilieus, die dauerhaft von der Erweckungsbewegung des 19. Jh. geprägt sind, aus der das Lied hervorging. Auf Chancen einer katechetischen Rezeption des Liedes durch eine neue Generation verweist Traugott Wettach (WEG IV, 31): Das Lied lädt ein „zu ganz verschiedenen Möglichkeiten der Darstellung [...] Die darin enthaltenen Vergleiche und Ehrentitel für Jesus können Kinder ohne Umwege zum eigenen Gestalten führen".

Günter Balders

[17] RGG^{2}, Bd. III, Sp. 1329 (Autor: Kirchenrat Paul, Karlsruhe).

[18] Jürgen Heydrich, Untersuchungen zum geistlichen Lied der Erweckungsbewegung, Diss. theol. Mainz 1962, 263.

[19] S. Cornelius Bormann, Ein Stück menschlicher. Johannes Rau: Die Biographie, Wuppertal 1999, 216.

Im Hinblick auf die Rezeption des Liedes gilt es unbedingt, auch auf die Rolle der Posaunenchöre hinzuweisen. Die Aufnahme der Melodie in den „Kuhlo"[20] bescherte ihr eine ununterbrochene Beliebtheit, gerade in Ostwestfalen, den Kernlanden der Posaunenchorbewegung. In ländlichen Gemeinden, z. B. im Minden-Ravensberger Land, sind Auswirkungen der Erweckungsbewegung des 18. und 19. Jh. bis hinein ins 21. Jh. spürbar. In dieser Gegend ist das Lied über (Posaunenchor-)Generationen hinweg bekannt und wurde bei vielen Anlässen gespielt und gesungen.

Ein anderes Beispiel zeigt seine Präsenz in volksmissionarischen Kreisen. Ein „Deklamatorium mit Gesang" von Wilhelm Jörn[21] trägt den Titel „Stern, auf den ich schaue! Ein mahnendes Bild aus der Großstadt. Nach einer wahren Begebenheit." Das Singspiel schließt mit der Anweisung: „Alle Teilnehmer kommen zusammen und singen im Töchterchor." Es folgen die drei Strophen von *Stern, auf den ich schaue.*

Neben der Weise von Wilhelmina („Mina") Koch war zeitweise als Ausweichmelodie jene zu *Freiheit, die ich meine* angegeben.[22] Überwiegend aber bildete Kochs Melodie bis heute mit dem Text eine nahezu unzertrennliche Einheit. Über ihre Entstehung berichtet die folgende Geschichte:[23]

„Das Gedicht [...] lernte sie 1887 bei einem Besuch in Möhringen bei Stendal kennen. Dort war ihr Bruder Karl, der [Cornelius Friedrich Adolf] Krummachers Tochter Johanna zur Frau hatte, Pfarrer. Das Gedicht beeindruckte sie so sehr, dass sie sich ans Klavier setzte, um darüber zu meditieren und die so gefundene Melodie aufzuzeichnen."

Man kann über diese Melodie sagen, dass sie entweder innig geliebt oder aber gehasst wird. Wenn man sich ihr jedoch unvoreingenommen zu nähern versucht, muss man zugeben, dass sie beim Singen – noch dazu beim gemeinschaftlichen – ein Wohlgefühl verströmt und deshalb durchaus dazu angetan ist, die Wirkung des Textes zu unterstützen. Doch was verursacht diese Wohligkeit beim Singen der Melodie? In erster Linie dürften es die regelmäßigen Ruhepunkte sein: Immer nach vier Takten kommt eine ganztaktige „Oase", ein langer tiefer Ton und viel Zeit zum Nachatmen. Der Musiktheoretiker Hugo Riemann beschrieb dieses Phänomen so: „Eine gewisse Neigung zur Markierung des durch die schwere (antwortende) Zeit erreichten Abschlusses mittels längeren Verweilens konnten wir ganz allgemein beobachten."[24] Überhaupt bewegt sich die Melodie über weite Strecken in einer tiefen Lage, in der alle ohne Anstrengung mitsingen können. Nur in der letzten Phrase muss man die Stimme

[20] Eduard und Johannes Kuhlo (Hg.), Jubilate! Posaunenbuch für Jünglings-Vereine, Seminare, höhere Lehranstalten und Kirchen-Chöre, 18. Auflage, 1. Teil, Buchhandlung der Anstalt Bethel bei Bielefeld, 1914, Nr. 486 unter der Überschrift „Sylvester" und mit der Angabe „Volksweise".

[21] Verlagsbuchhandlung der Zuzugs- und Mitternachts-Mission, Hamburg [1916].

[22] Reichs-Lieder. Deutsches Gemeinschaftsliederbuch, Neumünster 1931, Nr. 434: „Eigene Melodie oder Freiheit, die ich meine."

[23] Zitiert nach Georg Bießecker in HEG II, 183.

[24] Hugo Riemann, System der musikalischen Rhythmik und Metrik, Leipzig 1903, 196.

erheben, um dann aber sogleich wieder mit dem in jeder Strophe wiederkehrenden *alles, Herr, bist du* in bequemer Lage zu schließen.

Was der Weise einen zusätzlichen Reiz und eine gewisse Emotionalität verleiht, ist die Tatsache, dass man als Sänger und Sängerin sich so oft auf den harmonisch wichtigen und labilen Tönen bewegt. Gleich der Anfang geschieht nicht auf dem Grundton, sondern der Terz. Und noch einmal am Beginn der dritten Phrase (*Führer*): Zuerst die Terz der Grundtonart Es-Dur, danach vollzieht sich auf dem *a* (*dem ich*) die Überleitung (Modulation) zur Tonart B-Dur, in der dieser viertaktige Abschnitt steht. Und vor allem die beiden exponierten Septimen bei *Fels* und *Brot*; Septimen in einem doppelten Sinn, nämlich als Melodiesprung und als Harmonieton im Dominantseptakkord, der beide Male nicht direkt zur Dreiklangsterz *g* aufgelöst wird, sondern mit der nachfolgenden Achtelnote *b* einen kleinen Umweg nach oben nimmt. Wie banal wäre dagegen eine Repetition des *as*!

Die 16 Takte der Melodie folgen einem streng periodischen Aufbau. Hugo Riemann bezeichnete die achttaktige Periode als „normatives Grundschema" eines musikalischen Satzes.[25] Diese „natürliche" Metrik, die alle Erwartungshaltungen der Zuhörer erfüllt, ist in Kochs Melodie zur 16-Taktigkeit erweitert. Die Form entsteht durch die Reihung zweitaktiger Phrasen, die abwechselnd – den Versenden entsprechend – unbetont (a) oder betont (b) schließen. Man könnte diese Abfolge mit einem Wechsel zwischen Frage und Antwort vergleichen. Je zwei Phrasen bilden vier Viertaktgruppen (a + b), die dreimal als Halbschluss auf der Dominante (D) und erst beim vierten Mal als Ganzschluss auf der Tonika (T) enden.

Vordersatz		Nachsatz	
a+b	a+b	a+b	a+b
D	D	D	T

Die erste Melodiehälfte ist als Vorder-, die zweite als Nachsatz aufzufassen. Der Nachsatz zeigt gegenüber dem Vordersatz eine entwickelnde, steigernde Tendenz. Er beginnt zunächst im Schema des Vordersatzes, wird dann in der zweiten Phrase durch die Achtelnoten etwas aufgeregter, die dritte Phrase erreicht den Melodiehöhepunkt und leitet direkt über in die Schlusskadenz: *Alles, Herr, bist du.*

Erwähnenswert ist, dass in den frühen Veröffentlichungen der Melodie oft die letzte Viertaktgruppe wiederholt wurde, die Melodie also um eine Phrase erweitert war. Man könnte sich vorstellen, dass dadurch der Schlussgedanke bekräftigt werden sollte, allerdings auf Kosten der musikalischen Form, was sich langfristig nicht durchsetzen konnte.

HELMUT LAUTERWASSER

[25] Ebd.

408 Meinem Gott gehört die Welt

EG 408ö RG 535ö EM 90ö

Text

Verfasser Arno Pötzsch **Entstehung** während des 2. Weltkrieges in Den Haag, Niederlande **Vorlage** Str. 6: Röm 14,8 **Quellen** (a) Einblattdruck des Verlages Reich & Heidrich, Hamburg 1948 * (b) *Das junge Lied. 80 neue Lieder der Christenheit* (hg. von Friedrich Samuel Rothenberg), Kassel 1949 **Ausgabe** Arno Pötzsch: Sagt, dass die Liebe allen Jammer heilt. Geistliche Lieder und Gedichte. Mit einer Einführung in Leben und Werk, hg. von Detlev Block, Stuttgart 2000 **Strophenbau** 7/4a 7/4a 7/4b 7/4b vgl. Frank 4.42 **Verbindung TM** (a+b) wie EG

Melodie

Incipit 5565 345_ **Verfasser** Christian Lahusen **Entstehung** 1948 **Quellen** s. o. **Ambitus** G: 6; Z: 4535 **Abweichungen** (a+b) mit 3st. Satz von Christian Lahusen * RG: Ganzton tiefer * EM: 4st. Satz (Christian Lahusen) **Verbindung MT** wie EG

Literatur

HEG II, 190f.242f ** ThustB, 255 ** Meyer ([2]1997), 215–218 ** WEINECK, Isolde Maria: Christian Lahusen. Leben und Werk unter besonderer Berücksichtigung seiner liturgischen Kompositionen, Laab **1981**, bes. 66f * BLOCK, Detlev: Das Lied der Kirche, Bd. I, Lahr **1995**, 11–54 * HARZ, Frieder: Mit Kindern singen. Zugänge und Anregungen zu Liedern aus dem Evangelischen Gesangbuch, Nürnberg/Bayreuth **1995**, 110f * SCHWEIZER, Gabriele: Klang der Bilder – Bilder der Lieder, WEG IV (**1997**) 74f * SCHEFFBUCH, Beate und Winrich: Dennoch fröhlich singen. So entstanden bekannte Lieder, Bd. 2, Holzgerlingen [2]**2001**, 21–27 * WEINECK, Isolde Maria: Lahusen, Christian, MGG[2] Personenteil 10 (**2003**) 1025–1027 * WKERNLIEDER **2011**, 135–139

Wer singt, zieht einen Bannkreis. Arno Pötzschs Zeitgenosse Rudolf Alexander Schröder erinnert 1937 in seiner Schrift „Die Kirche und ihr Lied“ an die ursprünglich magische Dimension des Singens, indem er die Vokabel „cantare“ etymologisch aufschlüsselt und insbesondere die Nähe von Singen zu Zaubern und Bezaubern hervorhebt: „Jeder, der singt, begeht [...] wissend oder nicht wissend, eine magische Handlung. Der cantator wird unter allen Umständen zugleich zum incantator; er vollzieht eine Beschwörung, zieht einen Zauberkreis um sich her [...] Alle Kunst und Dichtung ist zu einem guten Teil Magie, ist grundsätzlich Beschwörung.“[1] Von den Wirkungen dieser Dimension war zu allen Zeiten wenigstens eine Ahnung vorhanden, in

[1] Rudolf Alexander Schröder, Die Kirche und ihr Lied, Berlin 1937, 27; desgl.: Rudolf Alexander Schröder, Dichtung und Dichter der Kirche, Witten und Berlin 1964, 27f.

der anhebenden nachaufklärerischen „Wiederverzauberung der Welt“[2] treten sie verstärkt in die Erfahrung. In den Ton- und Wortwiederholungen von Kinderliedern, in deren eher geringem Ambitus, im pentatonischen Melos wird das greifbar.[3] Arno Pötzschs Lied *Meinem Gott gehört die Welt* ist dafür geradezu ein Paradigma.

Viele Gedichte Pötzschs entstanden aus den Erfahrungen als Wehrmachtsseelsorger in Belgien und in Den Haag (Holland) heraus, in Lazaretten, Gefängnissen, bei Todeskandidaten in Gefängnissen, bei Angehörigen von Hingerichteten und Gefallenen.

Der Text *Meinem Gott gehört die Welt* entstand während des 2. Weltkrieges in den Niederlanden, wahrscheinlich in Den Haag. Pötzsch schrieb das Lied für seine vier Töchter „in der Heimat“[4]. Das genaue Entstehungsjahr lässt sich nicht mehr ermitteln.[5] Es erschien 1948 in einem Einblattdruck im Hamburger Verlag Reich & Heidrich mit der Melodie Lahusens im dreistimmigen Satz für gleiche Stimmen.

Meinem Gott gehört die Welt trägt ursprünglich den Titel „Ein Kinderlied“. Es ist fasslich, schlicht, jede Zeile spricht einen Gedanken aus wie beim altkirchlichen Hymnus, der Atem am Zeilenende kann natürlich gehen und kommen.[6] Ebenso fasslich-schlicht ist der vierzeilige Strophenbau aus zwei Paarreimen. Die Zeilen enden nicht unbetont-offen, sondern betont, und geben dadurch den gemachten Aussagen etwas Festes, Geschlossenes, Stärkendes. „Das Metrum gibt der Strophe Schlichtheit und Festigkeit.“[7] Damit ist das Versmaß gerade für Kinderlieder besonders gut geeignet.

Der Aussageduktus des Liedes verläuft in der Entsprechung von Großem und Kleinem.[8] Die beiden ersten Strophen verbinden glücklich Aussagen über den großen Kosmos und über das kleine Individuum.[9] Der Text bildet eine kindgemäße Einführung in das klassische, heute kaum mehr so genannte theologische Thema der „Vorsehung“. So gesehen ist das Lied eine Vorübung bzw. Hinführung zu Paul Gerhardts *Befiehl du deine Wege* (EG 361). Die Formulierung *Meinem Gott* ist nicht besitzergreifend, das Singen dieses Liedes stiftet vielmehr eine Beziehung, schafft einen Schutzraum.[10] Die Kopfzeile entspricht

[2] Vgl. etwa Erika Fischer-Lichte, Ästhetik des Performativen, Frankfurt [3]2005, 315–362.

[3] Vgl. Bernhard Leube, Art. Singen, in: Gotthard Fermor/ Harald Schroeter-Wittke (Hg.), Kirchenmusik als religiöse Praxis, Leipzig 2005, 14–19.

[4] Einblattdruck Hamburg 1948.

[5] Sonja Matthes berichtet, Pötzsch habe um die Jahreswende 1944/45 etwa sechzig Gedichte geschrieben und für eine dann nicht zustande gekommene Veröffentlichung vorgesehen. Die Gedichte seien gedacht gewesen als „ein Gruß an meine Freunde, ein Vermächtnis für meine Kinder“ (Sonja Matthes, In Gottes Hand. Arno Pötzsch. Ein Lebensbild, Hannover [3]2001, 98). Möglicherweise war unter diesen ca. 60 Gedichten auch *Meinem Gott gehört die Welt.*

[6] Vgl. WKernlieder, 135.

[7] Frank, Handbuch der deutschen Strophenformen, 164.

[8] Vgl. auch *Befiehl du deine Wege* (EG 361,1); *Voller Freude über dieses Wunder* (EG 212); *Weißt du, wieviel Sternlein stehen* (EG 511).

[9] Vgl. WKernlieder, 136.

[10] Vgl. R.A. Schröder, Dichtung und Dichter, 27f.

Psalm 24,1 *Die Erde ist des Herrn und was darinnen ist.*[11] Auch Psalm 95,4 klingt an: *Denn in seiner Hand sind die Tiefen der Erde, und die Höhen der Berge sind auch sein.* Der den Lebensraum überwölbende Himmel wird unterschiedlich erlebt. Durch ihn bricht das Chaos herein (1. Mose 7,11f), er wird aber auch bergend als Zelt erfahren (*du breitest den Himmel aus wie einen Teppich* (Ps 104,2). Gott wird tituliert als Herr von Raum und Zeit.[12] Die Worte haben etwas Bekenntnishaftes, die einfache Melodie macht die großen Worte leichtgewichtig und zugänglich.

Das Bewusstsein der Zugehörigkeit zu Gott, wie es in der 2. Strophe thematisiert wird, wirkt identitätsbildend. Dietrich Bonhoeffers tiefgründiges Identitäts-Gedicht „Wer bin ich?" endet eben damit: „Dein bin ich, o Gott."[13] Ich bin der, den Gott hält (5. Mose 31,6; 33,3; Ps 3,6; 37,24; 73,23; Apg 11,21). Die Hände Gottes können biblisch bergend-schützend (2. Mose 14,8; Ps 27,9; 145,16; Joh 10,29; vgl. auch EG 533) und bedrohlich erfahren werden (1. Sam 5,11; Hebr 10,31). Dass Gott die Sterne erschafft, zählt und lenkt, ist biblisches Schöpfungsdenken (1. Mose 1,16, vgl. Hiob 9,9; 38,31; Ps 8,4; 136,7–9; 147,4). Der Vergleich mit *den Sternlein auf der Bahn* erlaubt einen Seitenblick auf Wilhelm Heys *Weißt du, wieviel Sternlein stehen* (EG 511). In beiden Fällen liegt der biblische Bezug bei Jesaja 40,26, ja, das ganze Lied Pötzschs liest und singt sich wie ein Seitenstück zu Wilhelm Heys gut hundert Jahre älterem Kinderlied[14] (vgl. Psalm 8,4).

Die 3. Strophe öffnet die Welt des 121. Psalms: *der dich behütet, schläft noch schlummert nicht.* Auch Psalm 139 klingt mit: *Wo ich bin, hält Gott die Wacht,* bzw. *ich gehe oder liege, so bist du um mich* und *von allen Seiten umgibst du mich und hältst deine Hand über mir* (3,2, vgl. Ps 32,7; 119,114; Jes 4,5).[15] Auch der 91. Psalm, fester Bestandteil der Complet[16], schwingt mit. Gottes Führung erweist einmal mehr die Vorsehung als untergründiges Hauptthema des Liedes. Die zweite Strophenhälfte führt in die Welt des Vaterunsers (Mt 6,10b). Gleichzeitig wird in poetisch kompakter Form die aktuell in Grundsatzdiskussionen immer wieder drängende Frage bearbeitet, welche Rolle das Verstehen beim Singen von geistlichen Liedern spielt. Lieder erschließen sich nicht auf ein Mal, ja, die „Wuth des Verstehens"[17] kann Lieder auch zum Schweigen bringen. „Ein Gedicht wird, im glücklichen Fall, nicht offene Türen einrennen, sondern Türen öffnen, die es bis dahin nicht gab."[18] Die Formulierung *über Bitten und Verstehn*

[11] Vgl. 2. Mose 19,5; 5. Mose 10,14; 1. Chr 29,22; Hiob 41,3; Ps 89,12; 1. Kor 10,26.

[12] Ps 29,10; 90,2; Hebr 13,8; Offb 1,18.

[13] In: Dietrich Bonhoeffer, Widerstand und Ergebung. Briefe und Aufzeichnungen aus der Haft, hg. v. Eberhard Bethge, Neuausgabe München ²1977, 382; vgl. Ps 31,16.

[14] Vgl. WKernlieder, aaO.

[15] Vgl. aaO.

[16] Arno Pötzsch war Mitglied der Evangelischen Michaelsbruderschaft.

[17] Friedrich Schleiermacher, Über die Religion. Reden an die Gebildeten unter ihren Verächtern. In der Ausgabe von Rudolf Otto, Göttingen ⁷1991, 106.

[18] Marion Poschmann, Fünf Sätze zum Verstehen von Gedichten, die sowohl wahr als auch falsch sind. In: DIE ZEIT 3/2012 vom 12.1.2012, 6.

(vgl. Eph 3,20) verwendet Pötzsch auch in seinem Abendmahlslied *Du hast zu deinem Abendmahl als Gäste uns geladen*, wenn die Singenden mit Pötzschs Worten bitten, Christus möge sich selbst geben in Brot und Wein „über Bitten und Verstehn" (EG 224,3). Möglicherweise nimmt er eine Formulierung auf aus Karl Heinrich von Bogatzkys Lied *Wach auf, du Geist der ersten Zeugen*, das mit der Formulierung *Du tust doch über Bitten und Verstehn* schließt (EG 241,8).[19]

Die 4. Strophe bewegt sich mit der Brot- und Vergebungsbitte (Mt 6,10f) eng am Vaterunser entlang,[20] jedoch nicht als Bitte, sondern in Form kindlich-vertrauter Feststellung: Gott tut das, worum wir ihn im Vaterunser bitten. Dreimal taucht die Vokabel *täglich* auf und weist das Lied damit der Alltagsfrömmigkeit zu. Das Lied orientiert sich nicht einfach an Kindersprache, aber schafft Kindern Sprache. Das Wort *Huld* braucht beim Singen mit Kindern Erläuterung. Es setzt ursprünglich hierarchische Verhältnisse voraus. Mit „Wohlwollen" ist es gut wiedergegeben.

Die 5. Strophe weckt und pflegt ein mütterliches Gottesbild. Der Mutterschoß hat ursprünglich im Hebräischen (rächäm, z. B. 1. Mose 49,25) dieselbe Wortwurzel wie „Erbarmen" (rachamim, z. B. Ps 119,77). *Lind* meint sanft, weich, wohltuend.[21] Das Verhältnis von Groß und Klein ist nicht von Machtausübung, geschweige denn von Machtmissbrauch geprägt, sondern von der Macht der Liebe. Biblisch *deckt* die Liebe die Sünde (Spr 10,12; 1. Petr 4,8). In der Situation des abendlichen Singens am Kinderbett fließt dies zusammen mit dem Zudecken und dem Gefühl der Geborgenheit unter der Bettdecke.

Die 6. Strophe schließlich scheut nicht die Rede vom Tod. Im Singen dieses melodisch leicht zugänglichen wie textlich anspruchsvollen Kinderliedes[22] entsteht Geborgenheit, wird Furcht gebannt.[23] Wenn Kinder abends zu Bett gebracht werden, kommt hier zur Sprache, wofür nicht ohne Weiteres eigene Worte zur Verfügung stehen oder was gescheut wird, auszusprechen. Im Leben und im Tod bei Gott zu sein ruft noch einmal Psalm 139 auf, aber auch den Hymnus, den Paulus Römer 8,38f zitiert: *Ich bin gewiss, dass weder Tod noch Leben, weder Engel noch Mächte noch Gewalten, weder Gegenwärtiges noch Zukünftiges, weder Hohes noch Tiefes noch eine andere Kreatur uns scheiden kann von der Liebe Gottes, die in Christus Jesus ist, unserm Herrn* (vgl. Röm 14,7–9).

Neben der klassischen häuslichen Situation abends am Kinderbett sollte auch die Verwendung im Gemeindegottesdienst nicht aus dem Blick geraten, etwa als Credo-Lied im Familiengottesdienst.

[19] Die Formulierung stammt aus Albert Knapps Bearbeitung der Schlussstrophe Bogatzkys (s. Gesangbuch für die evangelische Kirche in Württemberg, Stuttgart 1841/42, Nr. 208,9), die ursprünglich lautete: *es wird doch endlich noch viel mehr geschehn* (Lieder des Pietismus aus dem 17. und 18. Jahrhundert, hg. von Christian Bunners, Leipzig 2003, 56).

[20] Vgl. WKernlieder, aaO.

[21] Vgl. aaO.

[22] Vgl. z. B. auch Luthers Kinderlied *Vom Himmel hoch, da komm ich her* (EG 24), das die schroffen Paradoxien der Inkarnationstheologie nicht umgeht.

[23] Vgl. WKernlieder, aaO.; R.A. Schröder, aaO.

Die Melodie von Christian Lahusen (1886–1975) entstand 1948 als „kleine Gelegenheitskomposition für die Sozialschule katholischer Frauen in Freiburg".[24] Allerdings geschah der Einblattdruck des Hamburger Verlags Reich & Heidrich im selben Jahr ohne Autorisierung Lahusens.[25] Das Lied verbreitete sich schnell, u. a. über das 1949 von Samuel Rothenberg herausgegebene Liederbuch „Das junge Lied". Es eröffnet dort die Sparte „Kinderlieder". Von da aus nahm es seinen Weg über weitere Veröffentlichungen, die Jugendgesangbücher, die „Mundorgel", mit verschiedenen Chor-Sätzen in „Das junge Chorlied" u. a.m. Heute steht das Lied in der von der EKD empfohlenen Kernlieder-Liste.

Die Melodie hebt pentatonisch an, fast wie „Backe, backe Kuchen", hat nur in der Kopfzeile einen Terzsprung, verläuft ansonsten schlicht diatonisch, der Beginn der letzten Zeile wird durch einen Quartsprung erreicht, die Zeilenendtöne halten eine überlegte Spannung zum Grundton, der am Strophenende erreicht wird und die singend aufgeworfenen Fragehorizonte umschließt. Die Melodie verläuft auch rhythmisch schlicht, drei Zeilen in Vierteln mit jeweils einer Halben am Zeilenende und einer einzigen, wohlüberlegten und damit wirkungsvollen Punktierung zu Beginn der vierten Zeile (*c' c' b*). Eine klassische Kinderlied-Melodie, kongenial dem Text von Arno Pötzsch.

Bernhard Leube

[24] Weineck 1981, 66. Es muss offen bleiben, wie Lahusen an den Text Pötzschs kam.
[25] AaO.

467 Hinunter ist der Sonne Schein

EG 467ö RG 590ö EM 628ö

Text

Verfasser Nikolaus Herman **Quelle** *Die Sontags Euangelia vber das gantze Jar* (Nikolaus Herman), Wittenberg 1560 (die Zueignung datiert Trinitatis 1559; DKL 1560[08]) **Überschrift** *Der abend segen. In tono eodem* (das ist die Melodie zum Morgensegen) **Ausgabe** W III,1385 **Strophenbau** A8/4a A8/4a A8/4b A8/4b vgl. Frank 4.58 ‚ambrosianische Hymnenstrophe' **Abweichungen** 1,1 *Sonnen* Schein; 4,1 *Durch dein Engel die Wach bestell;* 4,3 *Für schrecken, gspenst und fewers not;* 4,4 *behüt* uns *heint,* o lieber **Verbindung TM** in der Q ohne N, zur Tonangabe s. Kommentar * eigene Melodien: wie EG; Z I,507 (DKL 1710[14]) * weitere Hinweise bei Z I,380 (DKL 1560[08]), Z I,439 (DKL 1594[16])

Melodie

Incipit 5__5_1_ 3_.45_4_ 3__2__ 1__ **Verfasser** Melchior Vulpius **Vorlage** erste Zeile bereits beim Lied *Es muß die gantze Christenschar* in *Der Psalter/ Jn Newe Gesangs weise/ vnd künstliche Reimen gebracht* (Burkart Waldis), Frankfurt am Main 1553 (DKL 1553[06]), fol. 227r (DKL III/1,1 A 180) **Quelle** *Ein schön geistlich Gesangbuch* (Melchior Vulpius), Jena 1609 (DKL 1609[12]) **Ausgaben** Z I,506; DKL III/4, H151 **Ambitus** G: 9; Z: 5846 **Abweichungen** Q: Quarte höher; ¢; fünftletzte Note ohne Vorzeichen * RG: nur 4st. Satz (Melchior Vulpius/ Kommission 1998); Taktvorzeichnung 2/2 * EM: nur 4st. Satz (nach Melchior Vulpius 1609); Taktvorzeichnung 2/2 **Verbindung MT** wie EG

Literatur

HEKG (Nr. 355) I/2, 513; III/2, 455-457; Sb, 543f; HEG II, 145-148.334-336 ** WGL1 VII, 345f; X, 140; RGL1 805; ThustB, 387 ** KLL (1878-1886) I, 306; Schlunk (1951) 169; Bruppacher (1953) 94f; DKL III (1993-2010)/4, Textbd., 399; RößlerL (²2001) 285f ** BERGMANN, Bernhard: Werkbuch zum deutschen Kirchenlied, Freiburg **1953**, 212-214 * FORNAÇON, Siegfried: Hinunter ist der Sonne Schein, JLH 1 (**1955**) 118-120 * NEUBACHER, Klaus: Lieder des evangelischen Religionsunterrichts, Frankfurt am Main u. a. **1968**, 48f * RÖSSLER, Martin: Bibliographie der deutschen Liedpredigt, Nieuwkoop **1976**, 256 * SAUER-GEPPERT **1984**, 91 * SCHMIDT-BESTE, Thomas/ (BLANKENBURG, Walter): Herman, Nikolaus, MGG² Personenteil 8 (**2002**) 1387-1389

„Ein Schulmeister muss singen können, sonst sehe ich ihn nicht an", dieser Satz aus den Tischreden Luthers wurde reformatorisches Programm.[1] Nikolaus Herman, der Dichter des Liedes, entsprach ganz dem Wunschbild Luthers vom

[1] D. Martin Luther Werke, WA.TR 1, 490.

singenden Schulmeister und Kantor. Sein Abendlied lehnt sich eng an den Lutherschen Abendsegen an:

> Das walte Gott Vater, Sohn und Heiliger Geist! Amen.
> Ich danke dir, mein himmlischer Vater, durch Jesus Christus, deinen lieben Sohn, dass du mich diesen Tag gnädiglich behütet hast, und bitte dich, du wollest mir vergeben alle meine Sünde, wo ich Unrecht getan habe, und mich diese Nacht auch gnädiglich behüten. Denn ich befehle mich, meinen Leib und Seele und alles in deine Hände. Dein heiliger Engel sei mit mir, dass der böse Feind keine Macht an mir finde.

Zusammen mit der Nachdichtung des Lutherschen Morgensegens *Die helle Sonn' leucht' jetzt herfür* (EG 437) schuf Herman ein Liederpaar für „die Wendepunkte des Tages".[2] Für beide Lieder schlug er dieselbe Leihmelodie vor: *Wo Gott zum Haus nicht gibt sein Gunst* (s. u.), und beide Lieder sind am Ende seiner Sammlung „Die Sontags Euangelia vber das gantze Jar/ in Gesenge verfasset/ Fur die Kinder vnd Christlichen Haußveter" (1560) nacheinander abgedruckt.

Zeitlebens lagen Herman als Lehrer an der Lateinschule in St. Joachimsthal (Erzgebirge) die Kinder besonders am Herzen. In einem zeitgenössischen Dokument heißt es: „Er hat in seiner Schule ein großes Ziel vor Augen gehabt, nämlich seinen Kindern den Fels zu zeigen, an welchem die Kleinen und die Großen ihren Anker anlegen und sicher in Sturm und Wetter wohnen können."[3] Kinder wurden im Mittelalter ohne Schulbildung zur Arbeit herangezogen, sobald sie keine Kleinkinder mehr waren. Die Erfindung des Buchdrucks ermöglichte im 16. Jh. eine mediale Revolution mit unübersehbaren Auswirkungen auf das Bildungssystem. Die Bibel wurde allgemein zugänglich. Die Erfindung des Notendrucks folgte. Mit der Bibel lernten die Kinder das Lesen, mit Hilfe gedruckter Gesangbücher wurden die neu geschaffenen Lieder in der Volkssprache verbreitet, um „das heylige Euangelion/ so itzt von Gottes gnaden widder auffgangen ist, zutreiben und inn schwang zubringen", wie es Martin Luther in seiner Vorrede zum „Geystliche gesangk Buchlein, Wittenberg 1524" formulierte. Kinder wurden zu „Schulkindern". Für sie Lieder zu schreiben, machte sich Herman zur Lebensaufgabe.

Er geht in seinem Abendlied gedanklich nicht nur an der Lutherschen Vorlage entlang, die ihrerseits deutliche Bezüge zu dem aus dem 6. Jh. stammenden altkirchlichen Abendhymnus *Christe, qui lux es et dies*[4] aufweist.

Während Luther seinen Abendsegen im Kleinen Katechismus mit dem Ratschlag beginnt „Des Abends, wenn du zu Bette gehest, sollst du dich segnen mit dem heiligen Kreuze und sagen: Das walt Gott Vater, Sohn, Heiliger Geist, Amen",[5] verzichtet Herman auf die trinitarische Formel und redet in der ersten

[2] RößlerL, 286.
[3] RößlerL, 265.
[4] Vgl. *Christe, du bist der helle Tag* (EG 469) oder *Christe, der du bist Tag und Licht* (EKG 353).
[5] BSLK [7]1976, 522,1–5; vgl. EG 852.

Strophe nach alter Tradition den „Herrn Christ" als *wahres Licht* in finsterer Nacht an.

Eine direkte Entsprechung zu Luthers Abendsegen ist in der ersten Strophe noch nicht zu finden. Aber in allen Strophen des Liedes werden Erinnerungen an Bibelstellen wach. Die Bibel war Lesestoff und heilige Schrift, Lern- und Lebensbuch. Herman wollte daher in guter, pädagogischer Absicht nicht nur den Sinn von Texten der Bibel, sondern auch ihren „Klangleib", ihren Wortlaut im Gedächtnis verankern.

In der ersten Strophe klingt Jesaja 9,1 an: Texte aus dem schulischen „Lesebuch Bibel" werden in seinem Lied bis in den Wortlaut hinein aufgegriffen. *Das Volk, das im Finstern wandelt, sieht ein großes Licht, und über denen, die da wohnen im finstern Lande, scheint es hell.* Oder: Jesaja 50,10: *Der im Finstern wandelt und scheint ihm kein Licht, der hoffe auf den HERRN und verlasse sich auf seinen Gott.* Oder Micha 7,8: *Und so ich im Finstern sitze, wird doch der Herr mein Licht.* Und schließlich sagt in Johannes 8,12 Jesus von sich selbst: *Ich bin das Licht der Welt.* Christus als Licht anzusprechen und zu verherrlichen, ist schon früh Bestandteil der Feier des Abends im Christentum.[6]

In der zweiten Strophe führt Herman Luthers allgemeinen Dank („Ich danke dir [...], dass du mich diesen Tag gnädiglich behütet hast") breiter und konkreter aus (*Schaden, G'fahr, manche Plag*) und spricht, wie dann auch in der vierten Strophe, von den Engeln als schützenden Wesen. Der Bezug zu Psalm 91,11 ist offensichtlich: *Er hat seinen Engeln befohlen, dass sie dich behüten auf allen deinen Wegen und du deinen Fuß nicht an einen Stein stoßest.* Außerdem lässt sich hinter Str. 2 auch noch der vorausgehende Psalmvers entdecken: *Es wird dir kein Übel begegnen und keine Plage wird zu deiner Hütte sich nahen* (Ps 91,10).

In der dritten Strophe geht es um Versagen und Vergebung. Luther formuliert in seinem Abendsegen: „und bitte dich, du wollest mir vergeben alle meine Sünde, wo ich Unrecht getan habe". Herman entfaltet die Bitte mit biblischem Wortschatz: *Wohl dem Menschen, dem der Herr die Missetat nicht zurechnet* (Ps 32,2), oder: *So du willst, Herr, Sünden zurechnen, Herr, wer wird bestehen?* (Ps 130,3). Dazu wird den Zeitgenossen der Vers aus dem berühmten Lied Luthers zu Psalm 130 in den Ohren geklungen haben: *denn so du willst das sehen an,/ was Sünd' und Unrecht ist getan,/ wer kann, Herr, vor dir bleiben?* (EG 299,1) Die letzte Zeile dieser 3. Strophe *Lass schlafen uns in Fried' und Ruh* erinnert an das Canticum aus dem Nachtgebet (Complet), den Lobgesang des Simeon: *Herr nun lässest du deinen Diener in Frieden fahren* (Lk 2,29). Aus diesem reichen sprachlichen Humus wächst Hermans Formulierung, wenn er dichtet:

[6] Vgl. *Heiteres Licht,* etwa in: Evangelisches Tagzeitenbuch, Münsterschwarzach/Göttingen [4]1998, Nr. 300; vgl. EG 469,1; 470,1; 473,4; 477,2; 478,2; 479,2; 485,4.

Womit wir heut'[7] *erzürnet dich,*
dasselb verzeih uns gnädiglich
und rechn' es unsrer Seel nicht zu;
lass schlafen uns mit Fried und Ruh.

In der 4. Strophe finden sich die meisten Abweichungen vom originalen Wortlaut: Bei *Durch dein Engel die Wach bestell*[8] gab es in den Zeiten vor Opitz mit den Akzenten kein Problem. Die ursprüngliche Formulierung apostrophiert die Engel deutlich als Mittel, durch die Gott selbst Wache hält. Die konkreten, originalen *gspenst* in der 3. Zeile sind im 19. Jh. nach und nach aus dem Gesangbuch verschwunden und haben der allgemeinen *Angst* Platz gemacht. Der originale Liedschluss *Behüt uns heint* schließlich meint „Behüte uns heute Nacht“.

Das uralte Bild von den schützenden Engeln (Str. 2 und 4) spricht in besonderer Weise die Kinderseele an. Nicht ohne Grund wird es auch vom Komponisten Engelbert Humperdinck in seiner populären Märchenoper „Hänsel und Gretel“ (1893) aufgegriffen: Hänsel und Gretel, die von ihren Eltern einsam im dunklen Wald zurückgelassen wurden, singen für sich den „Abendsegen“ und vertreiben damit ihre Angst:

Abends, will ich schlafen gehn, vierzehn Engel um mich stehn:
Zwei zu meinen Häupten, zwei zu meinen Füßen,
Zwei zu meiner Rechten, zwei zu meiner Linken,
Zweie, die mich decken, zweie, die mich wecken,
Zweie, die mich weisen zu Himmels-Paradeisen.

Die Rede von den Engeln erfährt in jüngster Zeit durch Psychologie und Psychotherapie eine Neubewertung. Engel werden „ernst genommen als Ausdrucksweisen von Sehnsuchtsbildern der Seele“.[9] Ihre Herkunft aus der Bildwelt von Mythos und Märchen erklärt auch die Affinität des Engelmotivs zur kindlichen Psyche.

Nicht von Anfang an hatte das Lied die heute gebräuchliche Melodie. Herman ordnete seinem Abendlied, wie auch seinem Morgenlied EG 437, die im Klugschen Gesangbuch von 1533 erstmals erschienene Melodie des Psalmliedes *Wo Gott zum Haus nicht gibt sein Gunst* zu. Das EKG enthielt dieses Lied noch unter der Nummer 194. Hier das Lied in der originalen Tonart mit allen drei Texten:

[7] Ursprünglich: *han.*
[8] So noch EKG 355,4.
[9] Michael Kunzler, Art. Engel, VI Praktisch-theologisch, LThK^3 3, 651.

Das Lied ist in der alten, einfachen und leicht memorierbaren Strophenform des ambrosianischen Hymnus verfasst: vier Zeilen zu acht Silben. Herman wandte diese Strophenform gern an.[10] Sie hatte einen großen Vorteil: Waren alte Hymnenmelodien schon mit einem anderen Text bekannt, konnten die neuen Lieder rasch gelernt und verbreitet werden.

Im weiteren Verlauf der Gesangbuchgeschichte wurde *Hinunter ist der Sonne Schein* auch auf *Erhalt uns Herr bei deinem Wort* (EG 193) oder *O Jesu Christ, meins Lebens Licht* (EG 203) gesungen. Doch nicht immer traf die Melodie den Ton der Dichtung. Im Zuge der Restaurationsbewegung Mitte des 19 Jh. rückte die Melodie des Weimarer Stadtkantors Melchior Vulpius wieder ins Bewusstsein[11], die er für dieses Lied geschaffen und in seinem Cantionale 1609 (DKL 1609[12]) veröffentlicht hatte. Sie lehnt sich an eine Weise von Burkhard Waldis zu seiner Bereimung des 124. Psalms *Es muss die ganze Christenschar bekennen zwar* an.[12] Die Weise von Melchior Vulpius erschien ab der zweiten Hälfte des 19. Jh. vereinzelt in Gesang- und Choralbüchern[13] bis sie sich dann über das DEG[14] und das EKG ganz durchsetzte. Sie ist eigentlich die Oberstimme des in das EG eingegangenen vierstimmigen Originalsatzes von Melchior Vulpius. Der cantus firmus liegt in der Oberstimme, nicht mehr im Tenor, wie zuvor üblich. Es gab ein Vorbild. Lukas Osiander war es, der als einer der Ersten in seinem Kantional von 1586, für die „Schulmeister in den Städten“, den cantus

[10] EG 79, EG 106 + *Halleluja*, EG 141, EG 413 u. a.

[11] Ludwig Schöberlein, Schatz des liturgischen Chor- und Gemeindegesangs, 2. Teil, Nr. 475.

[12] S. o. Hymnologische Nachweise zur Melodie/ Vorlage.

[13] Vierstimmiges Choralbuch [...], hg. v. J.M. Anding, Hildburghausen [o.J., 1868], Z VI,1340; Hermannsburger Missionschoralbuch 1876, Z VI,1362); Allgemeines Evangelisches Gesangbuch, Berlin 1909; GB Minden-Ravensberg 1925.

[14] Frankfurt 1927, Thüringen 1928.

firmus vom Tenor in den Sopran wandern ließ, um die Melodie besser hervorzuheben. In der Vorrede zu diesem Gesangbuch mit dem Titel: „Fuenfftzig Geistliche Lieder vnd Psalmen. Mit vier Stimmen/ auff Contrapunctsweise fuer die Schulen vnd Kirchen im loeblichen Fuerstenthumb Wuertenberg" begründete Osiander diese Veränderung der Satztechnik: „Hab derwegen, also zur prob (in den stunden, da ich sonsten von andern wichtigern geschefften müd gewesen) diese fünfftzig geistliche Lieder und Psalmen mit vier Stimmen also gesetzt, das ein gantze Christliche Gemein, auch junge Kinder mit singen können unnd dannoch diese Music daneben (zur zierde des Gesanges) iren fortgang hat."[15]

Diese Idee zeigte langfristige Wirkung in der Praxis der Gemeindebegleitung: Denn wechselten sich in der Alternatimpraxis bis dahin einstimmiger Gemeindegesang und mehrstimmiger Chorsatz ab, so konnten nun Gemeinde und Chor zusammen musizieren. Chorsätze wurden zugleich Begleitsätze.

Die Melodie von Vulpius enthält auffällige Melismen und trägt die Züge einer „Aria". Die ersten zwei Zeilen beginnen jeweils mit einer Brechung des d-Moll-Dreiklangs von *a'* aus nach unten und legen damit den dorischen Modus fest, der durch die zweimalige Diskantklausel *cis-d* in der Oberstimme erweitert wird. (In der Kadenz wurde immer *cis* gesungen, selbst wenn es im Notentext nicht notiert war). Das „subsemitonium modi" (Halbton unter dem Grundton) sollte die Kadenzwirkung erhöhen. Die sechsmalige Wiederholung des Spitzentons *d"* verstößt zwar gegen die Regel, den höchsten Ton nur sparsam zu verwenden, verleiht aber den Mittelzeilen gerade dadurch eine ungeheure Ausdrucksintensität und verklammert sie miteinander. Durch Versetzungszeichen entstehende Dur-Dreiklänge sorgen für klangliche Farbigkeit, die der dorische Modus alleine nicht erzeugen könnte. Am Ende läuft die Melodie auf der tiefen Finalis *d'* entspannt aus.

Wer das Lied gesungen hat, dem fällt es nicht schwer, Luthers Ratschlag zu folgen, den er an das Ende seines Abendsegens gesetzt hat: „Und alsdenn flugs und fröhlich geschlafen".[16]

HANS-PETER BRAUN

[15] Friedrich Zeller (Hg.), Das erste evangelische Gesangbuch. Osiander 1586, Berlin 1903.
[16] BSLK ^{7}1976, 522, 21; vgl. EG 852.

519 Mit Fried und Freud ich fahr dahin

EG 519 RG 103

Text

Verfasser Martin Luther **Vorlage** Lk 2,29–32 **Quellen** (a) *Geystliche gesangk Buchleyn* (Johann Walter), Wittenberg 1524 (DKL 1524[18]) * (b) *Geistliche lieder auffs new gebessert zu Wittenberg*, Wittenberg (Joseph Klug) 1533 (DKL 1533[02]) **Überschrift** (b) *Der lobgesang Simeonis/ Nunc dimittis. Martinus Luther.* **Ausgaben** W III,25; WA 35, 438f (Nr. 13); WA.A 4, 229–231 (Nr. 21); HahnL, 31 (Nr. 18) **Strophenbau** A8/4a 4/2b- A8/4a 4/2b- 7/4x_1 A7/3x_2- vgl. JLH 9 (1964) 59 **Abweichungen** (a) 2,5 ohne *mein* am Versende; 4,1 *hell* und; 4,6 *der preis/ ehr* * (b) 2,5 ohne *mein* am Versende; 4,6 *der preis/ ehr* * RG: 1,2 *Gottes;* 2,2 *treue;* 3,2 *großen;* 4,2 *alle;* 4,6 *der Preis, Ehr* **Verbindung TM** (a+b) wie EG * 2 Melodien von Adam Gumpelzhaimer (1591 und 1594; DKL III/3, A952 und A977)

Melodie

Incipit 1__5_5_4_8_7b_6_5__ **Verfasser** Martin Luther oder Johann Walter **Entstehung Vorlage** möglicherweise ein mittelalterliches Marienlied **Quellen** s. o. **Ausgaben** Z II,3986; WA.A 4, 229–231 (Nr. 21); DKL III/1.2 Ec13 (Walter), Ec13A (Klug) **Ambitus** G: 9; Z:83b7b655 **Abweichungen** (a+b): Quinte tiefer, Mensurzeichen ¢; Z. 1, N. 8: Viertel mit Viertelpause; (nur a): Z. 2, N. 1: punktierte Viertel mit Achtel c'' h' (*in*), N. 2–5: Viertel, punktierte Viertel, zwei Sechzehntel a' c'' h' a' (*Gotts*); (a+b): Z. 3, N. 5–7: Achtel, Viertel, Achtel; N. 9: Viertel mit Viertelpause; (nur a): Z. 4, N. 3: zwei Achtel f' e'; (a+b): Z. 4, N. 5: Viertel mit Viertelpause; Z. 5, N. 10: ohne ♭; (nur a): N. 11–13: punktierte Viertel mit zwei Sechzehnteln; Z. 6, N. 5–7: punktierte Viertel mit zwei Sechzehnteln; (a+b): Z. 6, N. 9: Ganze **Verbindung MT** latinisiert: *In pace decedo Dei/ In pace laetus emigro* (1578/1585; s. DKL III, Abschließender Kommentarbd., 64)

Literatur

HEKG (Nr. 310) I/2, 463; III/2, 325–329; Sb, 480–482; HEG II, 204–208 ** ThustB, 425f ** KLL (1878–1886) II, 91; WA (1883ff) 35, 152–154.438f.503f. 615.621; B (1886–1911) II, 315f; EEKM (1888–1895) II, 283f; Bruppacher (1953) 397f; WA.A 4 (1985) 78.229–231.326f; DKL III (1993–2010)/1.2 Textbd., 169–171; RößlerL ([2]2001) 55 ** SPITTAL **1905**, 249–255 * STÄHLIN, Wilhelm: Der immerwährende Lobgesang, Quatember 26, (**1961/1962**) 147–149 * JENNYG **1962**, 224 (Nr. 136) * BLANKENBURG, Walter: Johann Walters Chorgesangbuch von 1524 in hymnologischer Sicht, JLH 18 (**1973/1974**) 65–96 (bes. 65f) * HAHNEV **1981**, bes. 283f * JENNY, Markus: Luther, Zwingli, Calvin in ihren Liedern, Zürich **1983**, 57f * ASPER, Ulrich: Aspekte zum Werden der deutschen Liedsätze in Johann Walters „Geistlichem Gesangbüchlein" (1524–1551), Baden-Baden **1985**, 117–119 * AMELN, Konrad: Eine neue Ausgabe der geistlichen Lieder und Kirchengesänge Luthers, JLH 30 (**1986**) 118 * VEIT, Patrice: Das Kirchenlied in der Reformation Martin Luthers. Eine thematische und semantische Untersuchung, Stuttgart **1986**, Register * BLANKENBURG, Walter: Johann Walter. Leben und Werk, aus dem Nachlaß hg. von Friedhelm Brusniak, Tutzing **1991**, 169f * MEDING **1998**, bes. 129–131 * MEDING, Wichmann von: Luthers Loblied „Mit Fried und Freud ich fahr dahin". Quellen und Komposition eines kleinen Kompendiums, Luther-Bulletin 8 (**1999**) 51–68 * MÖLLERQ **2000**, 80f * ZIPPERT, Christian: Des alten Simeon Lobgesang, Quatember 65 (**2001**) 34–37 * JORDAHN, Ottfried: Sterbe- und Begräbnislieder, in: Hansjakob Becker u. a. (Hg.), Liturgie im Angesicht des Todes. Reformatorische und katholische Traditionen der Neuzeit, Teil I, Tübingen **2004**, 212–234 (bes. 243f) * KIRSCH, Winfried: „Mit Fried und Freud": Zur Rezeption des Canticum Simeonis „Nunc dimittis", MuK 77 (**2007**) 402–409

Unter den 24 bis 1524 gedruckten Liedern Martin Luthers finden sich sechs auf der Grundlage alttestamentlicher Psalmen, dazu unser Lied, dem ein neutestamentlicher Psalm zugrunde liegt, ein so genanntes Canticum. Dieser Lobgesang des Simeon nach Lukas 2,29–32 war Luther aus dem monastischen Nachtgebet, der Komplet, vertraut. Der Text des Nunc dimittis (nach dem lateinischen Textbeginn) findet sich im Anschluss an die lukanische Weihnachtsgeschichte und im Zusammenhang der Darstellung Jesu im Tempel. Lukas erzählt von einem (vermutlich alten) Mann namens Simeon. Er hatte die Verheißung empfangen, *er solle den Tod nicht sehen, er habe denn zuvor den Christus des Herrn gesehen* (Lk 2,26). Im Tempel begegnet er Maria und Josef mit dem Säugling Jesus, erkennt in ihm das Gotteskind, den verheißenen Messias, und preist darüber Gott für die Aussicht eines Heimgangs *in Frieden.* Der Gebetstext überliefert uns ein ursprüngliches Lied der Urchristenheit. Lukas hat ihn in seinen Bericht eingefügt und ihm damit eine passende, zugleich ausdeutende Szene verschafft. Luther übersetzt die vier Verse nicht einfach in deutsche Reime, sondern interpretiert und kommentiert sie. Es ist eine Nach-Dichtung. Sie entfaltet die knappen Aussagen der psalmodischen Verse in vier Lied-Strophen. Die folgende Gegenüberstellung möge das veranschaulichen:

Lukas 2, Verse 29 bis 32	**Luthers Nach-Dichtung** (Nach Luther 1984)
29 Herr, nun lässt du deinen Diener in Frieden fahren,	1. Mit Fried und Freud ich fahr dahin in Gott's Wille; getrost ist mir mein Herz und Sinn, sanft und stille,
wie du gesagt hast;	wie Gott mir verheißen hat: der Tod ist mein Schlaf worden.
	2. Das macht Christus, wahr' Gottes Sohn, der treu Heiland,
30 denn meine Augen haben deinen Heiland gesehen	den du mich, Herr, hast sehen lan und g'macht bekannt, dass er sei das Leben mein und Heil in Not und Sterben.

31 den du bereitet hast vor allen Völkern	3. Den hast du allen vorgestellt mit groß Gnaden, zu seinem Reich die ganze Welt heißen laden durch dein teuer heilsam Wort, an allem Ort erschollen.
32 ein Licht, zu erleuchten die Heiden	4. Er ist das Heil und selig Licht für die Heiden, zu 'rleuchten, die dich kennen nicht, und zu weiden.
und zum Preis deines Volkes Israel.	Er ist deins Volks Israel Preis, Ehre, Freud und Wonne.

Luthers Lieddichtung hat diese Vorlage weiter ausgeführt. Gerhard Hahn hat auf die Häufung von Doppelformeln hingewiesen.[1] Sie haben interpretierende Funktion. Den Frieden ergänzt Luther gleich zu Beginn der Str. 1 durch *Freud*, denn in ihr erkennt er die Grundstimmung des Canticum Simeonis. Kein wirklicher Friede ohne Freude! Beide gründen im heilsamen Willen Gottes: Der lässt nicht ein bloßes „Ableben" zu, sondern will, dass Simeon heimkehrt und zur Ruhe kommt. So wird der Tod zum erquickenden Schlaf. Im Vorwort zur Ausgabe von Begräbnisgesängen 1542 schreibt Luther dazu:

> Wir Christen aber/ so von dem allen durch das thewre blut des Sons Gottes erlöset sind/ sollen vns vben vnd gewehnen im glauben/ den tod zuuerachten/ vnd als einen tieffen/ starcken/ süssen schlaff anzusehen.[2]

Darüber hinaus erfüllt sich so Lukas 2,25, denn Simeon *wartete auf den Trost Israels.* Der erfüllt ihn nun *sanft und stille.*

Nach Lukas 2,26 hatte er die Verheißung empfangen, *er solle den Tod nicht sehen, er habe denn zuvor den Christus des Herrn gesehen.* Jetzt hat er ihn also gesehen. Damit hat Simeon genug fürs Leben und Sterben. Er kann *getrost* sein irdisches Ende erwarten. Dies entfaltet Luther in Str. 2. Der Erretter wird als solcher konkretisiert: als *wahr' Gottes Sohn,* den Gott ihm als *Leben* und *Heil in Not und Sterben* „bekannt gemacht" hat.

Das scheint eine vorerst ganz individuelle Erkenntnis. Ist dieser Simeon mit seinem Gott und Heiland ganz allein auf der Welt? Simeon erwartete und bekam mehr als individuellen Trost, er *wartete auf den Trost Israels.* Simeon machte sich keineswegs Sorgen bloß um sich selbst, sondern um sein Volk: Israel! Wird der Messias Israels überhaupt noch kommen? Wir würden anders fragen: Ist die Menschheit überhaupt noch zu retten?! Mit dieser bangen Frage sind wir ganz nahe bei Simeon – und zusammen mit ihm ganz nahe bei Israel! Dahinter steht ja eine bange Gottesfrage: Wird Gott noch einmal recht behalten, wird er stehen zu seinen Versprechungen? Da geschieht jenes nach-weihnachtliche

[1] HahnEv, 284. Z. B. *Fried und Freud, Herz und Sinn, sanft und stille, Not und Sterben, Heil und selig Licht.*

[2] WA 35, 478.

Wunder (Lk 2,28): Simeon nahm den vierzig Tage alten Säugling Jesus auf seine Arme, lobte Gott mit den Worten dieses Lobgesangs. Hier, im Anblick dieses Kindes, weitet sich der Blick über das Volk Israel hinaus auf *alle Völker* (Lk 2,31).

Dies wird in Strophe 3 entfaltet. *Allen vorgestellt* hat Gott seinen Christus. *Die ganze Welt* ist eingeladen *zu seinem Reich,* diese Botschaft (*dein teuer heilsam Wort*) ist *an allem Ort erschollen.* Jetzt sind wir alle auf einmal Simeon, teilhaftig seiner Verheißung und seines Trostes – in diesem Leben und übers Sterben hinaus! Die sieben Worte des 3. Verses im Lobpreis Simeons hat Luther so in einer ganzen Strophe breit entfaltet – gepredigt!

Fast könnte er hier aufhören. Indes hört jenes biblische Frohlocken damit ja noch nicht auf, es mündet in einen vierten Vers als Abschluss: Jesus erweist sich als *Licht, zu erleuchten die Heiden* und zugleich als *Preis deines Volkes Israel.* Also braucht Luther noch eine weitere (die vierte) Strophe: Jesus als Licht. Das erinnert uns an das Jesuswort aus dem Johannesevangelium: *Ich bin das Licht der Welt* (Joh 8,12, vgl. 1,9). Mit Simeon können wir alle eines Tages in Frieden und Vor-Freude heimgehen, weil die Welt nach Gottes Willen doch noch zu retten ist. Das dürfen wir glauben.

Aber das zuvor erwählte Gottesvolk verschwindet damit nicht als eines unter vielen Völkern, sondern behält gerade so seinen einzigartigen Rang: Ihm galten die Verheißungen, die nunmehr in Jesus Christus allen Völkern zugute kommen sollen. Auch dieses abschließende Doppelmotiv von Licht und Lobpreis in Simeons Gesang entfaltet Luther in einer ganzen Strophe. Wie tröstlich, dass Licht und Erleuchtung auch denen in Aussicht stehen, denen Gott zuvor ein Buch mit sieben Siegeln geblieben ist (*die dich kennen nicht*) oder die schon alle Hoffnung fahren ließen. Und wie hoffnungsvoll, dass wir hineingenommen sind in die erfreuliche Zukunft eines Gottesvolkes, dem Christus wurde zu *Preis, Ehre, Freud und Wonne*!

Deshalb will dieses Lied gesungen sein. Wenden wir uns der Melodie zu. Luthers Lied begegnet in unseren Gottesdiensten derzeit kaum noch. Aber vielleicht gibt es da etwas zu entdecken? Der Hymnologe Markus Jenny hat allerdings gewarnt: „Es handelt sich um ein Sololied". „Für den Gemeindegesang [...] ist die Melodie [...] völlig ungeeignet".[3] Wenn das zutrifft, dann wäre dieses Lied nach einer Definition, an der Jenny mitgewirkt hat, kein Kirchenlied, denn ein solches sollte „für den Gesang einer Gruppe geeignet" sein.[4] Nun waren allerdings die ersten reformatorischen Lieder oft genug zuerst solo vorgetragen worden, dann erst – auf Flugblättern gedruckt – an Zuhörer verkauft und von diesen dann auch gesungen. Das lehrt z. B. der Bericht einer (oft zitierten) Magdeburger Stadtchronik über den Auftritt eines Bänkelsängers mit zwei Lutherliedern im Erscheinungsjahr auch unseres Liedes.[5] Erst danach begegnen

[3] WA.A 4, 78.

[4] DKL I,2, S. 11*.

[5] EG 280 und 299. HahnL, 68f; JLH 3 (1957) 106.

sie dann auch in Gemeinde- und Chorgesangbüchern. Das unsere erschien zunächst im vierstimmigen Satz des Chorgesangbuchs von Johann Walter 1524. Dieser bietet den cantus firmus in einer rhythmisierten Fassung, mit Synkopierungen und Kadenzfloskeln nach Art eines Tenorliedes.[6] Erst 1533, bei Joseph Klug (wohl auch schon in der verschollenen Ausgabe von 1529), ist das Lied in einem Gesangbuch einstimmig überliefert: in entsprechend vereinfachter Fassung.[7] Hier war Luther vermutlich redaktionell stärker beteiligt. Ob nun aber Luther oder Walter die Melodie geschaffen hat, lässt sich nicht mehr eindeutig sagen, zumal die neuere Forschung hier (wie so oft) melodieverwandte frühere Melodien aufgespürt hat.[8] Wir halten uns im Folgenden an die Melodiefassung des EG.

Mit zwei übereinandergeschichteten Quintsprüngen durchmisst die dorische Melodie[9] gleich in der ersten Zeile die volle Oktave: *d' a' g' d"*. Ein doppelter Aufschwung also zu *Fried und Freud*, dem ein entspannter Abstieg folgt *d" c" h' a'*: ... *ich fahr dahin*. Im Terzraum *c" – a'* verbleiben auch die zweite, dritte und der Beginn der vierten Melodiezeile. Zunächst als bekräftigende Wiederholung dieses Weges und Ziels, *in Gott's Willen*. Mit dem Terzintervall *a' c" a'* im oberen Oktavbereich fährt *getrost* die dritte Melodiezeile fort, um dann mit *Herz und Sinn* auf dem Grundton *d'* vorläufig zur Ruhe zu kommen. Doch wird dieser Quintabstieg, rhythmisch variiert, noch einmal so wiederholt, dass die absteigende Sekunde *f' e'* zur kleinen Terz *f' d'* gedehnt und damit der Grundton noch unterschritten wird – nun ganz „sanft und stille". Doch noch immer ist nicht alles gesagt und gesichert: Was *Gott mir verheißen hat*, wird mit weiteren absteigenden Linien im lydischen F-Bereich (*f' c"*)[10] so festgemacht, dass die Seele mit der Schlusszeile endgultig zum Ziel gelangen kann: *Der Tod ist mein Schlaf worden*. Dies sei nicht als „Tonmalerei" verstanden. Aber es zeigt doch eine dem Text kongeniale Sing-Bewegung. – Die Metrik dieses Liedes ist bei Luther wie auch sonst im deutschen Kirchenlied ohne Parallele.

Welcher Gesangbuchabteilung und welcher Verwendung ist unser Lied nun eigentlich zuzuordnen? Die Einordnung im Repertoire von Walters Chorbuch (zwischen zwei Liedbearbeitungen alttestamentlicher Psalmen) lässt kein Ordnungsprinzip erkennen. Seit Jahrhunderten wird der Lobgesang des Simeon im liturgischen Nachtgebet psalmodisch rezitiert. Man könnte ihn nach reformatorischem Brauch durch dieses Lied vertreten lassen. Doch geschah und geschieht das wohl kaum irgendwo. Die Gesangbücher von Klug und Babst hingegen, bei denen Luther mitgewirkt hat, bringen das Lied im Rahmen des Kirchen-

[6] „... mehr zum Solovortrag als zum Gemeindegesang geeignet", urteilte H.J. Moser in seiner Ausgabe WA 35, 503.

[7] Walter tauschte seinen Liedsatz seit seiner Auflage von 1534 gegen einen neuen aus, blieb aber in der Mehrstimmigkeit bei seiner adaptierten Fassung.

[8] S.o. hymnologische Nachweise, und DKL III/1.2 Ec13 und Ec13A.

[9] Die frühen reformatorischen Drucke transponieren eine Quinte tiefer, von *g* aus.

[10] Erst seit der lydische Kirchenton als F-Dur empfunden wird (also etwa seit dem 17. Jh.), wird an dieser einen Stelle das dorische *h* auf „ver-[heißen]" zum *b* erniedrigt.

jahres zum Fest der Darstellung Jesu im Tempel (2. Februar), das Luther als Christusfest beibehalten wissen wollte.[11] Aber er hat es auch in seine Begräbnisgesänge von 1542 aufgenommen, also zugleich als Sterbe- und Begräbnislied verstanden. Dort vermerkt er: „Diese deutsche gesenge [...] mag man eins ums ander singen/ wenn man vom begrebnis heimgehen will."[12] In der Zuordnung „Sterben und ewiges Leben, Bestattung" (EG) sind ihm die neueren Gesangbücher gefolgt. Doch ist das Lied bei Beerdigungen wohl kaum je anzutreffen. Dennoch besteht weithin Übereinstimmung in der Einschätzung der besonderen textlichen wie musikalischen Qualität dieses frühen Lutherliedes. Wir sollten das als Chance und Aufgabe für unsere zukünftige Gemeindesingarbeit wahrnehmen.

JOACHIM STALMANN

[11] In beiden Gesangbüchern werden dazu der biblische Prosatext und ein Kollektengebet (gewiss aus Luthers Feder) beigefügt.

[12] WA 35, 483; HahnL, 61.